# 조선의 미신과 속전

## 朝鮮の迷信と俗伝

이시준 · 장경남 · 김광식 편

제이앤씨
Publishing Company

# 식민지시기 일본어 조선설화자료집 간행사

1910년 8월 22일 일제의 강점 이후, 2010년으로 100년이 지났고, 현재 102년을 맞이하고 있다. 1965년 한일국교 정상화 이후, 한일간의 인적・물적 교류는 양적으로 급속히 발전해 왔다. 하지만 그 양적 발전이 반드시 질적 발전으로 이어지지 않았음이 오늘날의 상황이다. 한일간에는 한류와 일류, 영화, 드라마, 애니메이션, 만화, 음악, 소설 등 상호 교류가 확대일로에 있지만, 한편으로 독도문제를 둘러싼 영유권 문제, 일제강점기의 해석과 기억을 둘러싼 과거사 문제, 1930년대 이후 제국일본의 총력전 체제가 양산해낸 일본군 위안부, 강제연행 강제노역, 전쟁범죄 문제 등이 첨예한 현안으로 남아 있다.

한편, 패전후 일본의 잘못된 역사인식에 대한 시민단체와 학계의 꾸준한 문제제기가 있었고, 이에 힘입은 일본의 양식적 지식인이 일본사회에 존재하는 것도 엄연한 사실이다. 이제 우리 자신을 되돌아보아야 한다. 우리는 일제 식민지 문화와 그 실체를 제대로 규명해 내었는가? 해방후 행해진 일제의 식민지 문화에 대한 비판적 연구가 행해진 것은 사실이지만 그 실체에 대한 총체적 규명은 아직도 지난한 과제로 남아 있다.

일제는 한국인의 심성과 사상을 지배하기 위해 민간설화 조사에 착수했고, 수많은 설화집과 일선동조론에 기반한 연구를 양산해 냈다. 해가 지나면서 이들 자료는 사라져가고 있어, 서둘러 일제강점기의 '조선설화'(해방후의 한국설화와 구분해, 식민시기 당시의 일반적 용어였던 '조선설화'라는 용어를 사용) 연구의 실체를 규명하는 작업이 요청된다.

이에 본 연구소에서는 1908년 이후 출간된 50여종 이상의 조선설화를 포함한 제국일본 설화집을 새롭게 발굴하여 향후 순차적으로 자료집으로 출간하고자 하니, 한국설화문학・민속학에서 뿐만이 아니라 동아시아 설화문학・민속학의 기반을 형성하는 기초자료가 되고, 더 나아가 국제사회에서의 학문적 역할을 증대하는데 공헌할 수 있기를 바라마지 않는다.

숭실대학교 동아시아언어문화연구소

소장 이 시 준

# 나라키 스에자네(楢木末實)와 『조선의 미신과 속전(朝鮮の迷信と俗伝)』

김광식, 이시준

## 1 근대초기 일본어 조선설화집과 나라키

편집진의 다년간의 서지조사에 따르면, 단행본으로 출간된 최초의 일본어 조선설화집은 우스다 잔운(薄田斬雲; 본명은貞敬)의 『암흑의 조선(暗黒なる朝鮮)』(日韓書房, 1908년, 1909년 재판)으로 판단된다. 그 이후, 다카하시 도루(高橋亨)의 『조선이야기집과 속담(朝鮮の物語集附俚諺)』(1910년)이 일한서방이라는 동일 출판사에서 발간되었다. 위 2권과 더불어, 이번 총서에 포함된 아오야기 쓰나타로(青柳綱太郎)의 『조선야담집(朝鮮野談集)』(1912년)은 조선연구회에서 간행되었다. 일한서방과 더불어 조선연구회는 근대초기에 수많은 조선연구서를 발간했다. 그 이후에 출간된 책이 본서 나라키 스에자네(楢木末實)의 『조선의 미신과 속전(朝鮮の迷信と俗伝)』이다. 사쿠라이의 서지연구에 따르면, 『조선의 미신과 속전』은 1913년 10월에 신문사(新文社)에서 출간되었고, 1919년에 재판이 발행되었다.[1] 편집진의 확인에 의하면, 동경경제대학 도서관에 소장되어 있는 사쿠라이문고 소장본은 초판이다. 경인문화사와 일본의 용계서사의

1) 櫻井義之, 「民俗」, 『朝鮮研究文献誌—明治・大正編—』, 龍溪書舎, 1979년, 356쪽.

영인본도 초판본이며, 편집진이 확인한 국내외의 여러 판본 역시 초판본이었다. 현단계에서 재판 실물은 확인되지 않았다. 본 총서의 한권인 야마사키(山崎日城, 山崎源太郎)의 『조선의 기담과 전설(朝鮮の奇談と伝説)』(우쓰보야서적점(ウツボヤ書籍店)에서 1920년 경성에서 발간된 책)의 권말 광고에 『조선의 미신과 속전』이 보이는 것으로 보아, 재판은 우쓰보야서적점에서 발간된 것으로 판단된다. 사쿠라이는 경성제국대학에서 근무하면서 일찍부터 조선관련본 서지연구에 종사했는데, 그런 사쿠라이에게도 나라키에 대한 인적사항 정보는 없었던 듯 싶다. 사쿠라이는 나라키에 대해 일체 언급하지 않았고 서문과 목차만을 소개하였다. 경성일보기자 우스다, 조선총독부 학무국을 거쳐 경성제국대학 교수를 역임한 다카하시, 일선동조론의 원조 아오야기에 비해 나라키에 대한 연구는 거의 이루어지지 않았고, 기존 서지연구에서는 楢木末實을 楢木末實로 표기하는 경우가 많다. 이름조차도 제대로 알려지지 않은 상태였다.

최근에 국내에서 『조선의 미신과 속전』이 소개되었다. 우선 조희웅 교수는 처음으로 『조선의 미신과 속전』의 존재를 알리고, 이 책은 설화집이라기보다는 민간신앙 자료집이라고 할 수 있지만, 책 말미에 부록으로 10편의 설화를 붙여넣었다고 지적했다.[2] 김용의 교수는 이 책을 번역하여 그 내용을 손쉽게 접할 수 있게 하였는데, 책 제목은 『조선의 미신과 풍속』이라 했다.[3] 번역자는 역자후기에 나라키의 인적사항을 『대한제국 직원록』, 『조선총독부及소속관서 직원록』『일본제국직원록 조선총독부편』을 참고하여 다음과 같이 서술하고 있다.

---

2) 조희웅, 「일본어로 쓰여진 한국설화/한국설화론1」(국민대학교 『어문학논총』 24집, 2005년, 20쪽).

3) 楢木末實, 김용의・김희영 역, 『조선의 미신과 풍속』, 민속원, 2010년.

1900년대 후반부터 1920년대 사이에 관립평양일어학교, 관립한성외국어학교, 경성고등보통학교, 신계공립보통학교, 함흥고등보통학교, 나남공립고등여학교 등에서 교사로 근무하였다는 것을 확인할 수 있는 정도이다. 그가 언제 태어나서 언제 죽었는지 알려지지 않았으며 어떤 경위에서 식민지 조선에서 교사생활을 하게 되었는지 구체적으로 드러나지 않았다. (중략) 아쉽게도, 편자 나라키 스에자네가 어떤 과정을 거쳐 『조선의 미신과 풍속』을 출판하게 되었는지, 책 어디에서 언급되어 있지 않아서 알 수가 없다. 또한 그가 어떤 방법으로 자료를 모았는지도 밝혀지지 않았다. 즉 자료 제공자를 직접 만나서 듣고 기록한 것인지, 아니면 선행 자료집을 참고하여 다시 정리한 것인지 확인할 도리가 없다. 그렇지만 『조선의 미신과 풍속』에 기술된 내용을 면밀하게 검토해 보면, 지금은 우리 사회에서 거의 잊혀져버린 한국의 전통적인 민간신앙 및 풍속에 관해서 소상하게 기록하고 있음을 알 수 있다. 특히 나라키 스에자네가 가급적 그의 견해를 피력하지 않고 객관적으로 서술하고자 노력한 흔적을 확인할 수 있다. 이 책이 한국민속에 관한 자료집으로 주목할 만한 가치가 있는 까닭이다. 특히 이 시기의 한국민속에 관한 자료가 충분치 않은 실정을 감안한다면 더욱 그러하다.[4)]

위의 인용에서는 구체적인 연도가 밝혀져 있지 않았기에, 본 해제에서는 편집진이 발굴한 자료를 바탕으로 나라키 관련 정보를 보충하고자 한다.

나라키가 한국에 첫 부임지는 관립평양일어학교이고, 부임 시기는 1908년1월1일 전후로 판단된다. 『조선총독부及소속관서직원록』에 따르면 나라키에 대한 서술은 1924년 함경북도 나남공립학교 교사를 끝으로 조선총

4) 김용의, 「역자후기」, 위의 책, 2010년, 134-6쪽.

독부 소속학교를 사직한 것으로 보인다.[5] 1935년에 나라키가 기고한 논문의 직함에는 조선교육회 장학부로 되어 있다.[6] 이를 통해 나라키는 1920년대 중반에 교사직에서 행정직으로 이동한 것으로 보인다.

후술하겠지만, 나라키는 통감부시기부터 조선에 체재하여 조선총독부 교육관련 강연회 강사, 보고서 작성에 적극적으로 참여했고, 1910년대초의 조선인의 내지 관광단 인솔, 교육, 집필 등 왕성한 활동을 하였다.

안용식편, 『대한제국하 일본인관료연구』 및 『조선총독부하 일본인관료연구』을 참고로 나라키의 정확한 근무경력을 작성하면 아래와 같다.[7]

| | |
|---|---|
| 1908.1.1 | 관립평양일어학교 부교수(판3) |
| 1909.4.1 | 관립평양고등학교 부교수(판3) |
| 1909.6.18 | 관립한성외국어학교 부교수 겸 서기(판3) |
| 1911.11.1 | 경성고등보통학교 교유(9급봉) |
| 1914.11.11 | 황해도 신계공립보통학교 훈도(8급봉) |
| 1918.4.1 | 함흥고등보통학교 교유(7급봉) |
| 1922.4.1 | 함경북도 나남공립고등여학교(4급봉) |

본서가 간행된 1913년까지 나라키는 경성에 체재하였음을 확인할 수 있다. 본서에 실린 10편의 설화의 공간적 배경은 충청도, 황해도, 경성, 제주도, 백두산 등이다. 이들 설화를 각 지역에서 직접 채집했다기 보다는, 조선인 재학생들을 통해 일본어 작문을 통해 수집한 것으로 보인다. 나라

---

5) 朝鮮総督府, 『朝鮮総督府及所属官署 職員録』 1910年～1943年 (復刻版全33巻, 2009年, ゆまに書房)
6) 楢木末實, 「武蔵の語源は朝鮮語か」, 『文教の朝鮮』 1935年7月号
7) 안용식편, 『대한제국하 日本人官僚研究』, 연세대학 사회과학연구소, 2001년.
안용식편, 『조선총독부하 日本人官僚研究』 전5권, 연세대학 사회과학연구소, 2002년을 참고.

키의 주전공은 일본어였다. 조선총독부 학무국 산하에서 발간된『조선교육연구회잡지(朝鮮教育研究会雑誌)』(59호, 1920년8월)의 강연회 관련 휘보를 보면 나라키는 총독부에서 주관한 교사대상의 일본어(국어) 강사를 담당한 것으로 보아서, 조선교육에 일정한 영향력을 지닌 존재였음을 짐작할 수 있다. [8]

## 2 당대의『조선의 미신과 속전』서평

식민시기 초기에 조선의 미신[속신][9] 관련 민간전승을 소개한『조선의 미신과 속전』은 발간 후에 일본 잡지에 소개되어 일정한 반향을 일으킨 것으로 보인다. 두 개의 서평 전문을 소개하고자 한다.

우선, 기독교 전도사로 알려진 에비나 단조(海老名弾正; 1856-1937년)가 주필, 편집 겸 발행인으로 펴낸『新人』15권10호(조선전도호, 신인사, 1914) 서평란에 다음과 같이 소개되었다.

□ 조선의 미신 楢木末實著

천변지이, 鳥獸, 魚介, 곤충, 초목, 금석 기타 인사백반에 관한 망신(妄信) 속전을 망라한 책이다. 그 모두가 거의 황당무계하고 실소를 금할 수 없지만, 내지(内地)의 미신俚諺도 이와 대동소이한 것으로 생각되며, 새삼 우리들의 전도(前途)가 요원함을 생각케한다. 新동포의 사회적 종교적 사상의 연구자에게는 참고가 될 것이다.(정가 육십전 경성 신문사)[10]

---

8) 「講習会一束」,『朝鮮教育研究会雑誌』59号, 1920年8月, 46－49쪽.

9) 미신이라는 용어보다는 속신이라는 용어가 보다 적절한 표현으로 판단되나 본서에서는 나라키의 서명대로 미신이라는 용어로 통일하였음을 양해바람.

에비나가 쓴 것으로 보이는 이 짧은 서평은 일선동조론에 기반해 작성되어 있으며, 기독교 전도와 관련하여 참고할 만한 가치가 있는 책으로 소개되었으나 책명도 저자 이름도 틀렸고, 제대로 책을 읽었는지 의심스럽다.

다음으로 중요한 서평이 바로 일본민속학자 야나기타 구니오(柳田國男)의 서평이다.

□ 조선의 미신과 속전(楢木末實著)

天變地異, 期節, 鳥獸, 魚介, 昆蟲, 草木, 金石, 山川, 기타 생활의 각 방면에 걸친 민간의 미신을 항목별로 열거해, 제처(諸處)에 간단한 주를 붙이고, 권말에 미신에서 기인된 10편의 이야기(物語)를 수록하였다. 저자는 경성고등보통학교 교관이다. 이런 종류의 조사연구에 일찍 손을 대어 그 결과를 발표한 저자의 의지가 기쁘고 고맙다.(경성 신문사장판 四六判187쪽 정가60전)[11)]

일본 최초의 민속학 잡지 『鄕土研究』(1913년3월 창간, 야나기타와 다카기 도시오 공동편집)에 『조선의 미신과 속전』이 소개되었다는 사실은 매우 주목된다. 야나기타는 『조선의 미신과 속전』의 가치를 높이 평가하고, 그 후에 자신의 논문에서도 이 책의 내용을 자주 언급하였다는 점은 특기할 만하다.[12)]

일본어 교사였던 나라키가 조선의 민간전승을 수집하게 된 계기는 무엇이었을까. 이에 대한 정확한 해명은 현재 알려진 자료로는 매우 어려운

---

10) 『新人』 15권10호, 조선전도호, 신인사, 1914년10월, 122쪽.

11) 『鄕土研究』 1권12호, 향토연구사, 1914년2월, 64쪽. 『鄕土研究』 제1기에 수록된 조선관련 기사에 대해서는 김광식, 「시미즈 효조(清水兵三)의 조선 민요・설화론에 대한 고찰」, 『温知論叢』28집, 2011년, 66-67쪽을 참고.

12) 定本柳田國男集편찬위원회 편, 『定本柳田國男集』 別巻5, 筑摩書房, 1971년, 310쪽을 참고

상황이다. 하지만, 최근에 한국어로 번역・영인된 신의주고등보통학교의 일본어 교사 테라카도(寺門良隆)가 여름방학 과제로 학생들에게 조선설화를 일본어로 작문, 보고시킨 『1923년 조선설화집』을 보아도 당시 식민지 일본어 교육을 통해 조선설화 채집이 이루어졌음을 확인할 수 있다.[13]

## 3 나라키의 민간전승 조사 배경

그렇다면 나라키는 어떤 계기로 조선의 민간전승에 관심을 기울이게 된 것일까. 그 계기를 서문, 범례 등을 참고하여 추측하면 크게 3가지 정도로 정리된다.

첫째는 이마무라 도모에(今村鞆; 1870-1943년)[14]의 영향을 고려할 수 있다. 『조선의 미신과 속전』 서문에는 1910년 식민지 조선의 헌병사령관과 경무총장을 겸임한 아카시 모토지로(明石元二郞; 1864-1919년)와 더불어 식민지경찰관료 겸 민속연구가 이마무라 도모에의 서문이 실려있다. 아카시의 서문에서는 민간전승을 황당무계하고, 미신을 타파하기 위해 제공된 것으로 비하한데 비해, 일본인으로서 '조선문화의 개척자'[15]로까지 평가받는 이마무라는 민간전승 연구는 시시하고 쓸데없는 것으로 보이지만, 실은 꽤나 가치가 있음을 강조하고, 나라키와 같은 동료가 나타난 것을 실로 기쁘게 생각한다고 기술하고 있다. 얼핏 이마무라의 서술 태도는 아카시와는 다름을 확인할 수 있다.

---

13) 이시이 마사미(石井正己)편, 최인학 역, 『1923년 조선설화집』 민속원, 2010년.
14) 이마무라 도모가 아니라 정확하게는 도모에이다. 유족의 증언을 알려주신 서울대학교 전경수 교수님께 감사드린다.
15) 가와무라 미나토, 유재순 역, 『말하는 꽃 기생』, 소담, 2002년,76쪽.

하지만 이마무라가 조선의 미신을 가치중립적으로 평가한 것은 아니다. 이마무라는 미신조차도 정체되어 있는 조선에 종교다운 종교가 발달할 리가 만무하며, 한마디로 일반 '센징(조선인)'의 종교심은 희박하다고 잘라 말한다. 아니, "센징은 본디 끈기가 없으며 …종교를 가질 만한 소질이 전혀 없는 백성"이라고 강변하였다.[16] 식민지 상황에 기반해 조선민속을 정체된 것으로 해석한 이마무라는 어디까지나 민속학 연구자로서 조선인의 교화 목적을 위한 미신 자료 수집에 관심을 표명했음을 확인할 수 있다.

이마무라가 조선의 민간 전승 중 특히 설화에 관해 발표한 단행본을 열거하면 다음과 같다.

①今村鞆, 「朝鮮の伝説」(宇都宮高三郎編, 『新天地』, 日韓書房, 1910년)
今村鞆, 『朝鮮風俗集』, 斯道館, 1914년
今村鞆, 『歴史民俗朝鮮漫談』, 南山吟社, 1928년
今村鞆, 『人蔘神草』, 朝鮮総督府専売局, 1933년(인삼 신화전설)
今村鞆, 『朝鮮風俗資料集説 扇 左縄 打毬 匏』朝鮮総督府中枢院, 1937년(바가지 관련 동화)
今村鞆, 『人蔘史』六巻,朝鮮総督府専売局, 1939년(인삼전설)
今村鞆, 『古稀自祝記念出版 螺炎随筆 鼻を撫りて』, 朝鮮印刷株式会社, 1940년(笑話, 조선태종관련 전설 등)

위처럼 이마무라는 조선 설화에 많은 관심을 지니고 있었다. 나라키는 이마무라의 단행본 혹은 잡지기사를 읽고 조선 민간전승에 관심을 지니게

16) 남근우, 『'조선민속학'과 식민주의』 동국대학교출판부, 2008년, 117쪽.

되었을 가능성이 있다. 이마무라가 경찰조직을 동원해 자료를 모은 것과 달리, 일본어 교사였던 나라키는 일본어 작문 과제를 조선인 학생에게 제출하여 이를 수집했을 것으로 보인다.

둘째는 근대 문명의 전파자로서의 사명감, 즉 오리엔탈리트즘에 기반한 미신 타파를 주장함으로써, 『조선의 미신과 속전』 간행의 대의명분(정당성)을 확보하려 노력하였음을 추정할 수 있다.

아카시 헌병사령관 겸 경무총장은 서문에서 본서가 미신타파에 대한 지침이 되지 않는다면, 본서를 읽어도 백해무익하다고 주장하였다. 이에 대해 나라키는 미신을 무시할 수 만은 없다고 전제하면서도, 신교육을 받은 이라도 미신의 영향이 크기 때문에 서둘러 배제하려고 들기 보다는 미신의 문제를 일깨우고, 이를 타파할 수 있도록 하기 위해 우선은 미신의 내용을 파악할 필요성이 있다고 주장하고 있다.

나라키는 조선의 미신을 소개하고 수많은 주석을 붙이고 있는데, 그 내용은 다카하시의 『조선의 물어집』(1910년)의 차별적인 언사와 비교하면 매우 차분하다. 나라키의 주석은 내지와의 비교에 의한 일선동조론적 시선으로도 해석가능하나 노골적이지는 않다. 이에 대한 구체적인 분석이 요청된다.

셋째는 조선의 인정, 풍속, 습관을 고찰하고자 하는 연구자로서의 관심이다. 나라키는 소박한 한일비교 민속론에 기반해 조선의 미신을 수집했는데, 본서의 범례에서 "이 미신과 속전은 조선의 인정, 풍습을 알고자 하여 조사한 것이다"고 주장하고, 서문의 후반에서는 "구비, 미신 및 속전 등에 의해 조선인의 인정, 풍습, 습관의 많은 부분을 헤아릴 수 있다"고 반복해서 언급하고 있다. 1908년 이른 시기에 도한한 나라키는 조선의 미신과 속전에 관심을 갖고 이를 통해 조선의 인정, 풍속, 습관을 소개하게

되었음을 확인할 수 있다.

나라키는 1913년 본서를 출판한 이후에도 조선의 민간자료를 계속해서 수집한 것을 확인할 수 있는 자료가 존재한다. 1915년에 필사판 향토자료(향토사료) 관련 자료가 많이 수집되었다. 이를 망라하면 아래와 같다.

今井猪之助(仁川公立보통학교)『仁川鄕土資料調査事項』(1915년, 인천시 화도진도서관 소장)[17]

全羅南道編『鄕土史料』(1915년, 국립중앙도서관 소장)

全羅南道編『鄕土史料』長興・康津・海南公立보통학교(1915년, 서울대학교 소장)

全羅北道編『鄕土資料』其一(1915년, 서울대학교 소장)

慶尚南道編『鄕土資料』(1915년, 서울대학교 소장)

京畿道編『鄕土史料』(1915년, 국회도서관 소장)

黄海道編『鄕土資料』上・中・下巻(1915년, 서울대학교 소장)

모든자료는 일본어로 필사되었고 인천, 전라도, 경상남도, 황해도 이외의 도에서도 유사한 자료가 출판되었을 것으로 보이나 현재 확인 가능한 보고서는 위와 같다.

중요한 사실은 경기도 보고서가 「조선총독부중추원(朝鮮総督府中枢院)」원고지를 사용하여 필사되어 있다는 점이다. 1915년의 『향토사료(향토자료)』는 조선총독부 중추원의 시달로 각도가 편찬했을 가능성이 높다.

---

17) 본서의 제3장. 풍속과 관습에는 6편의 설화가 수록되었다. 그중, 1.고양이와 死人, 2.뱀의 기원, 3.나병 기담, 4.준치의 불평, 5.궁수의 실책은 우스다(薄田斬雲)의 『암흑속의 조선(暗黒なる朝鮮)』을 그대로 도용한 것이다. 한국어역은 이동철 외역, 『인천향토자료 조사사항』 상, 하, 인천학연구원, 2007년을 참고.

1915년에 중추원으로 구관조사 사무가 이관되었고, 이와 함께 중추원 주도로 향토조사가 행해졌을 가능성이 있다.[18] 나라키는 본서를 발간한 이듬해 1914년 11월에 황해도 신계공립보통학교 훈도로 전임되는데, 1915년에 간행된 황해도 보고서의 신계군 편은 나라키가 담당하였다. 본서의 간행 이후 나라키가 작성한 조선 민간전승 권위자로서 신계군편을 담당했을 것으로 보이며, 이에 대한 구체적인 대조 검토가 요청된다.

끝으로 이번 총서에 수록된 조선총독부 학무국 보고서『전설동화조사사항(傳說童話 調査事項)』의 해제에서 명확히 한 바와 같이, 조선총독부 학무국은 1912년에 조선의『俚謡・俚諺及通俗的 読物等調査』를, 1913년에는 조선『전설동화 조사사항(傳說童話 調査事項)』을 각 지방에 보고시켰고, 그 실질적 보고를 담당한 것은 보통학교 교사였다. 나라키가 1912년과 1913년 학무국 보고서에 간여했는지는 알 수 없지만 적어도 1915년 조선총독부 중추원 보고서에는 깊이 관여했음을 확인하였다. 이러한 일련의 조선총독부의 조사사업이 보통학교 교원에게 일정한 자극을 주었을 것으로 판단되며 식민지 교육과 설화와의 관련에 대한 구체적인 연구가 요청된다.

나라키는 본서의 범례에서 여러 조선인과 여러 서적에서 고르고 들어 수집한 것이라고 적고 있다. 이번 총서에서『조선의 미신과 속전』이 소개됨으로써 앞으로 자료에 대한 구체적인 출전과 더불어 그 내용과 성격에 대한 구체적인 검토가 요구된다.

---

18) 朝鮮総督府中枢院篇,『朝鮮舊慣制度調査事業概要』1938年, 118쪽.

## 참고문헌


김광식 「시미즈 효조(清水兵三)의 조선 민요・설화론에 대한 고찰」, 『温知論叢』 28집, 2011년.

나라키 스에자네, 김용의・김희영 역, 『조선의 미신과 풍속』, 민속원, 2010년.

남근우 『'조선민속학'과 식민주의』 동국대학교출판부, 2008년.

안용식편, 『대한제국하 日本人官僚研究』, 연세대학 사회과학연구소, 2001년.

안용식편, 『조선총독부하 日本人官僚研究』 전5권, 연세대학 사회과학연구소, 2002년.

이동철 외역, 『인천향토자료 조사사항』 상, 하, 인천학연구원, 2007년.

이시이 마사미(石井正己)편, 최인학 역, 『1923년 조선설화집』 민속원, 2010년.

조희웅, 「일본어로 쓰여진 한국설화/한국설화론1」, 국민대학교 『어문학논총』 24집, 2005년.

櫻井義之, 『朝鮮研究文献誌—明治・大正編—』, 龍渓書舎, 1979년.

楢木末實 「武蔵の語源は朝鮮語か」 『文教の朝鮮』 1935年7月号.

定本柳田國男集편찬위원회 편, 『定本柳田國男集』 別巻5, 筑摩書房, 1971년.

朝鮮総督府中枢院篇, 『朝鮮舊慣制度調査事業概要』 1938年, 118쪽.

朝鮮総督府 『朝鮮総督府及所属官署 職員録』 1910年~1943年(復刻版全33巻,2009年,ゆまに書房).

『新人』 15권10호, 신인사, 1914년10월.

『鄉土研究』 1권12호, 향토연구사, 1914년2월.

# 朝鮮の迷信と俗傳

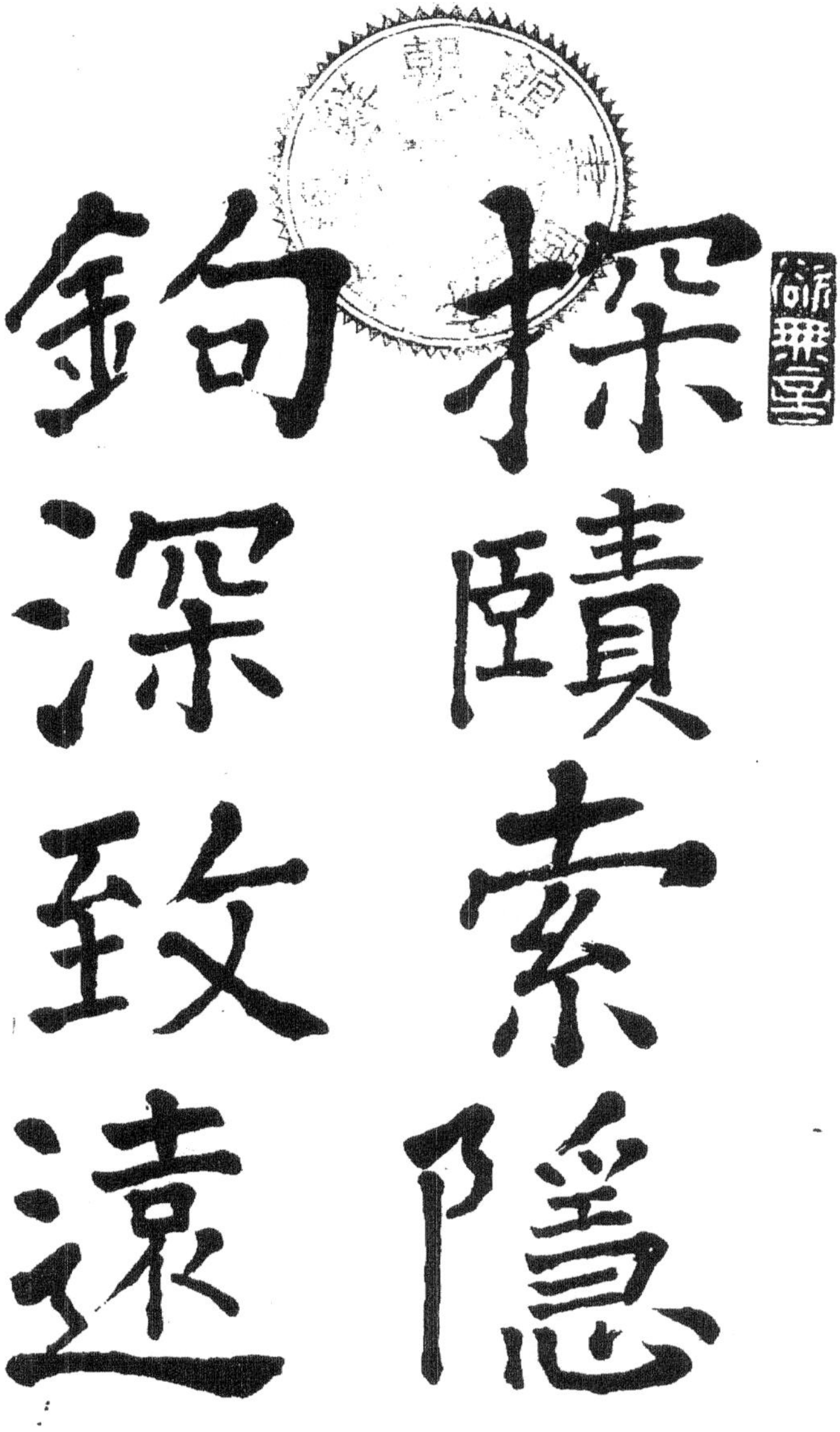
探賾索隱
鉤深致遠

太歲癸丑之秋
直右題

右明文段 貴宅婢戴節身亡 石碑段 謀得金榜 (?) 元來法文錢 價伍兩

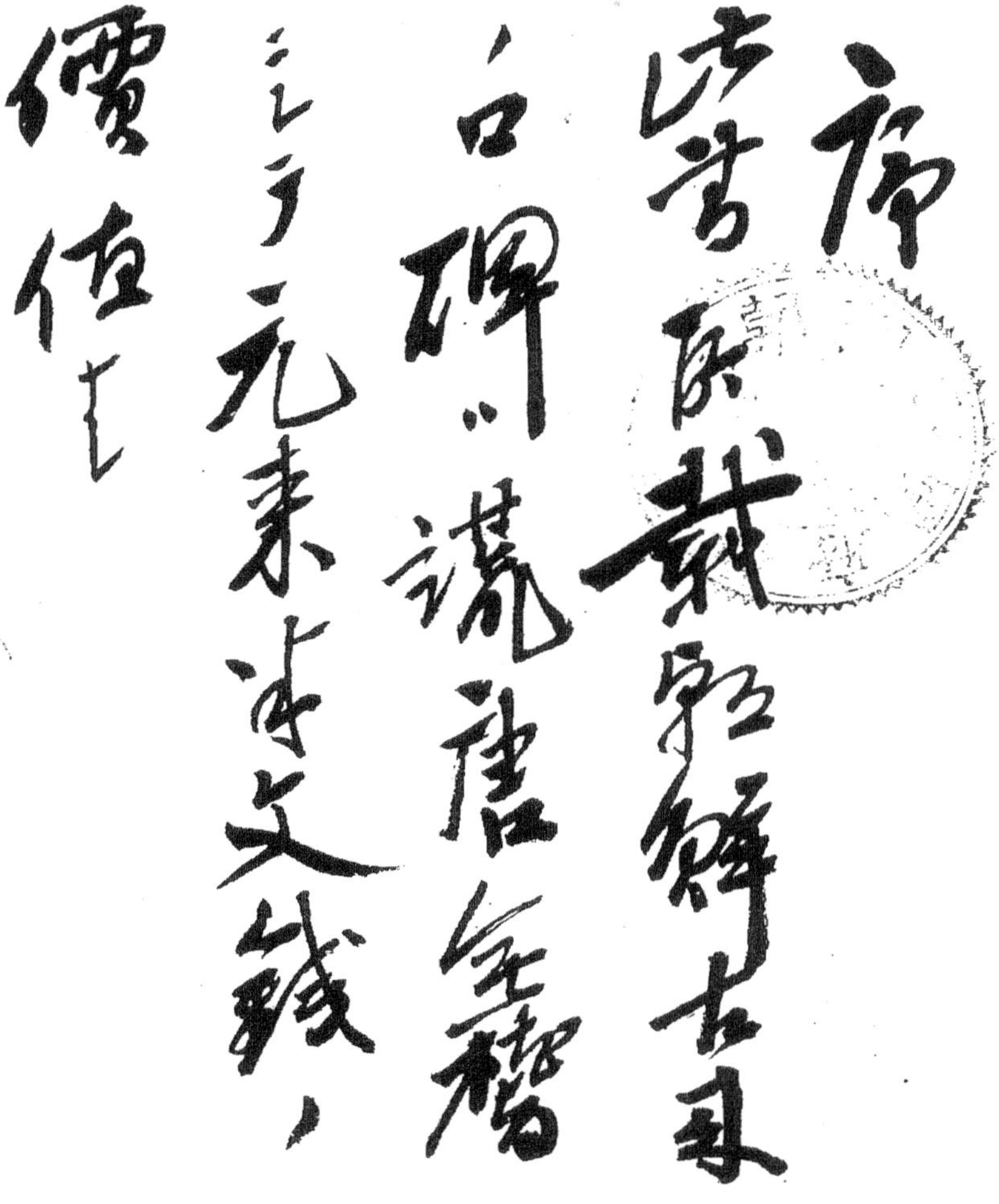

夫レ大道ニ奇ナシ所謂
迷信ハ婦女子ノ妄言蒙
昧ノ蠻風ナリ讀者ハ
常識能ク打破匡正シ

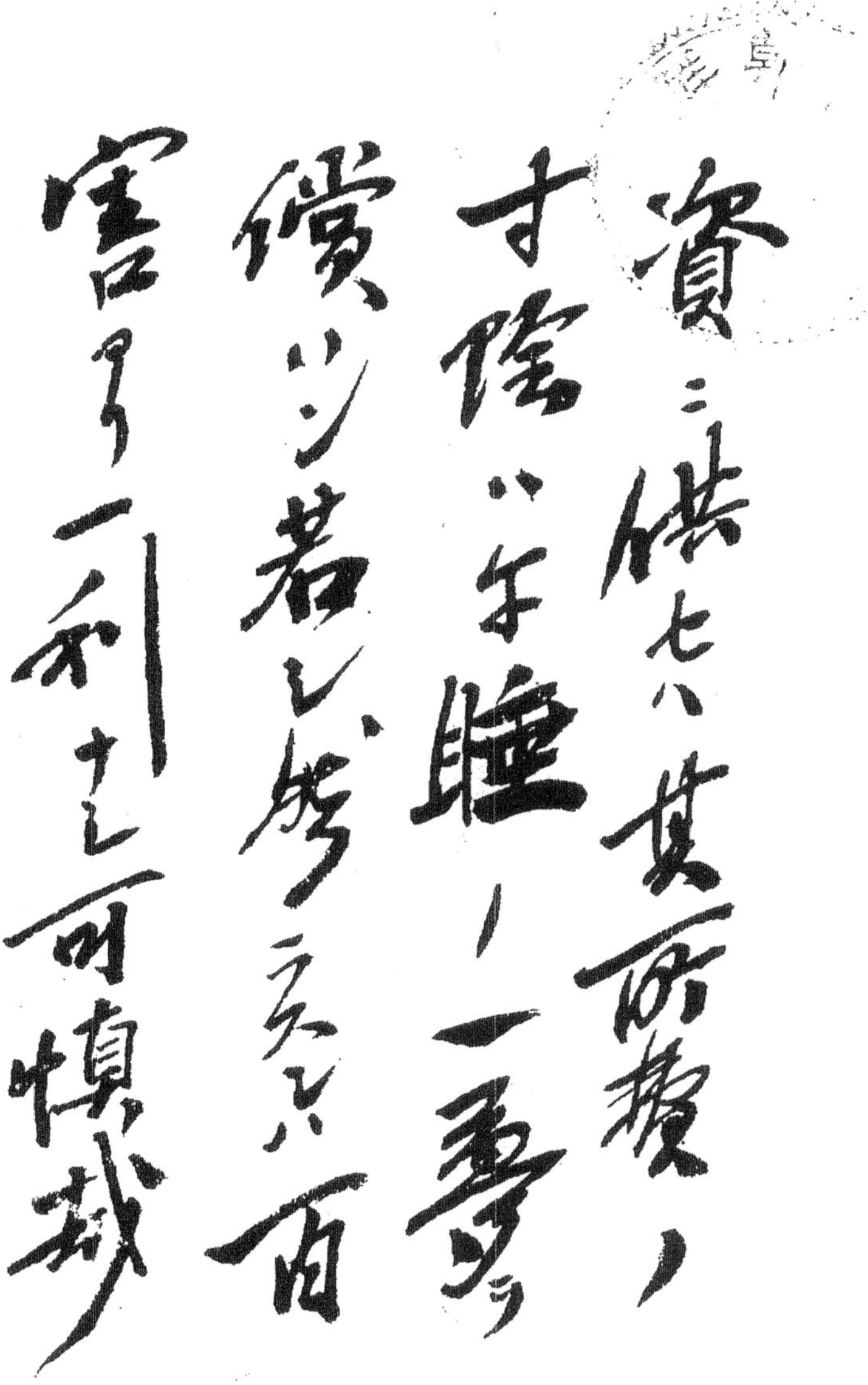
資ニ供セバ其所獲ノ
寸陰ハ年瞳ノ一夢ヲ
償ハン若シ餘アラバ百
害アリ一利ナシ可慎哉

帖リ寿シテ之ヲ他日ニ
験セン
大正二年八月
明石元二郎識

# 序

世に朝鮮の事を論議する人は甚多いか、科學に基礎を置いて論據とし說か立る人は實に乏しい。是畢竟其材料の提供者即眞實なる朝鮮研究者か尠いのに基因するのである。

頃日詞友楢木末實君「朝鮮の迷信と俗傳」なる一書を編して此を鉛槧に附せんとし余に其稿を示さる、就て熟讀するに主として朝鮮の俚俗に行はるゝ妄信的俗傳を彙集したるものである。

此俗傳と云ふことは、民間の迷信構成の一部分て、例之は西洋て云ふと、十三の數を忌み嫌ふとか、金曜日に船出せぬとか、又は錢に穴を穿ち携帶すれは感冒に罹らぬとか稱へらるゝ類て、内地て云へは、爪を火にくべると氣狂になるとか、朝烏か鳴くと緣起か惡いとか、箒を立ると長坐の客か去ると云ふ類て、地球上何處ても此れを持たぬ國は無い。淺薄の考を以て觀れは、斯かるツマラヌ事を詮索するは閑人の仕事て好奇《モノズキ》の樣てあるか、仔細に研讃すると、此ツマラヌ事か中々價値かあるのてある。卽ち其國人の倫理觀とか宗教信念とか其他の社會思想と云ふ樣な、國民性の一端が此俗傳を通ふして覗ひ觀らるゝのてある。又其分布地域により、古代民族の交通移動の考證に資することも出來て、其道の學者に有益の材料を提供するものてある。

從來余か朝鮮の事を研究せる趣旨は、此材料提供者たらんとするものてあるが、茲に又一人楢木君の如き同好の士の殖へたるを喜ふの情切なる余り、本書の卷頭に此拙文を掲けて、更に益仲間の増加せんことを希望するのである。

大正二年秋九月

於漢城僑居　螺炎　今村鞆識

# 緒　言

迷信或は口碑などは何れの國にもある。而かも未開國程その信念か深い。朝鮮にもなくてはならぬと。調べてみると澤山ある

迷信だ口碑だと輕視することは出來ない。先祖代々から受け繼いだ重代の信念は腦裡に深く〱滲み込んで居る。文明の空氣を吸つたといふ紳士でも先祖を共同墓地に葬ることは絶對に嫌である。二十世紀の教育を受けた淑女でも巫女の言は信ずる。それで之を急に取り除かうとすると飛んた間違か起る。しかし弊害を伴ふものは是非ともその頑冥を諭し、之を打破して、善道に導いてやらねばならぬ。之を打破し

之を諭すには先づどんな迷信があるかを知らねばなるまい。口碑、迷信、及び俗傳などによつて朝鮮人の人情、風俗、習慣なども大いに察することが出來る。自分が數年以來集めたもの五百餘に上つたから之を親友△△君に示した。ところが是非出版せよとのことで今其の懇望に任かせ之を上梓した譯である。朝鮮に於て事業に從事せらるゝ諸賢士の參考の一端ともならば幸である。

癸丑九月　京城にて　著者識

# 凡例

一、この迷信と俗傳は朝鮮の人情、風俗を知らうとして調べたものである。

一、文は口語體で平易に婦女子でも分り易いやうに書いた、それで識者には卑俗に聞えるかも知れぬ、しかし一般の人に解らせやうとしたためであるから、その積りで讀んで貰らいたい。

一、文を最も短かくしたのは簡單を尊んだからである、又一々その理由を書かなかつた、迷信などに明瞭なる理由の存する筈もあるまい、然かし有識者の眼には一見してその因つて起つた原因も推知せらるゝであらう、それらの點又は誤の箇所は御敎示を仰ぎ度いのである。

三、この迷信は一人の朝鮮人或は一冊の本よりのみ撰び又聞き集めたものでない。それで或朝鮮人は「そんな迷信はない」と否定するものもあるだらうが、何れかの地方でいつで居る事である。又何道何地方と一々書く筈であつたが却つて繁を來す恐かあつたから止めた。兎に角朝鮮内にどんな迷信があるといふことが分つて居ればいゝ積りである、讀者も二三の朝鮮の人がないといつて朝鮮全道にないと早斷せられぬことを望むのである。

癸丑九月

京城に於て　著者再識

# 朝鮮の迷信と俗傳目次

## 附錄　迷信物語

# 天變地異

# 朝鮮の迷信と俗傳

楢木末實著

## 天變地異

一、冬雷《ふゆかみなり》が鳴《な》ると國《くに》に大災難《だいさいなん》が起《おこ》る。

二、雷鳴《らいめい》は天《てん》にまします玉皇上帝《ぎよくわうぜうてい》が怒《いか》つて叱咤《しつた》する聲《こゑ》である。

註《ちう》 故《ゆゑ》に雷鳴《らいめい》の時《とき》は坐《すわ》り居《を》りし者《もの》は必《かな》らず起立《きりつ》して敬意《けいい》を表《へう》せざれば上帝《ぜうてい》の怒《いかり》に觸《ふ》れ忽《たちま》ち命《いのち》を奪《うば》はるゝものなりと。蓋《けだ》し

朝鮮《てうせん》にては長上《てうぜつ》に對《たい》しては起立《きりつ》するを禮《れい》とする故《ゆゑ》なり

三、虹《にじ》は龍《りう》が天に登《のほ》る橋《はし》である。

四、虹《にじ》は仙女入浴《せんぢよにふよく》の時架《ときかく》る橋《はし》である。

五、虹《にじ》を指《ゆびさ》すと其指《そのゆび》が腐《くさ》る。

六、虹《にじ》が立《た》つた所《ところ》には寶物《たからもの》がある。

七、虹《にじ》が太陽《たいやう》を貫《つらぬ》く樣《やう》に見《み》えると國《くに》に大《たい》亂《らん》があるといふ。

八、虹《にじ》は仙女《せんぢよ》が沐浴《もくよく》した雫《しづく》である。

註《ちう》　仙女《せんぢよ》を天女《てんぢよ》ともいふ、天《てん》に住《ぢう》居《きよ》する神化《しんくわ》したる人《ひと》と思《おも》ひ居《を》れり。

九、虹《にじ》が立《た》つたとき死《し》んだ人《ひと》は仙人《せんにん》となる。

註《ちう》　七の迷信《めいしん》は支那秦始皇《しなしんしくわう》の時偶々《ときたま〳〵》虹太陽《にじたいやう》を貫《つらぬ》く様《やう》に見《み》え其年始皇《そのとししくわう》を刺《さ》さんと燕《えん》の刺客《しかく》秦《しん》に入《い》りし故事《こじ》より來《きた》りしものならむ。

一〇、元日《ぐわんじつ》に霧《きり》がかけたり大雨《おほあめ》が降《ふ》つたり大嵐《おほあらし》がしたりすると其年《そのとし》には悪病傳染《あくびやうでんせん》する。

一一、初伏《しよふく》の日《ひ》に雨《あめ》が降《ふ》ると三伏《ぞく》ともに雨《あめ》が降《ふ》る。

一二、日蝕《につしよく》は國《くに》に大亂起《たいらんおこ》る前兆《ぜんてう》なりといふ。

一三、虹《にじ》が井戸《ゐど》の水《みづ》に映《えい》ずるとき髪《かみ》を梳《す》くと其毛《そのけ》が伸《の》ぶ、然《し》かし其《その》影《かげ》が消《き》えない中《うち》に梳かないと其《そ》の人《ひと》は夭死する。

一四、月蝕《げつしよく》は傳染病流行《でんせんべうりうかう》の兆《てう》。

一五、月蝕《げつしよく》は犬《いぬ》が月《つき》を切《き》つて食《く》ふ爲《ため》に起《おこ》る。

一六、南極星《なんきよくせい》（老人星《らうじんせい》）を見《み》た人《ひと》は永生《ながいき》する。

一七、一月《げつ》十五日《にち》の月《つき》が白《しろ》く見《み》えると大風《おほかぜ》、赤《あか》く見《み》えると大雨《おほあめ》、黄《き》色《いろ》に見《み》えると豐年《ほうねん》だといふ。

一八、一月《げつ》十五日《にち》の月《つき》が非常《ひぜう》に赤《あか》く見《み》えると國《くに》に亂《らん》があるといふ。

一九、太陽《たいやう》の周圍《しうゐ》に星《ほし》が現《あら》はれると國《くに》に變《へん》があるといふ。

二〇、慧星《すゐせい》が見《み》えると戰爭《せんそう》が起《たて》る。

二一、北斗《ほくと》七星《せい》は人間《にんげん》の壽命《じゆめう》を司《つかさど》る星《ほし》でこの星《ほし》に祈願《きぐわん》を込《こ》めれば如何《いか》なる事《こと》でも出來《でき》ないことはないといふ。

二二、星《ほし》の中《なか》にてキラ〳〵と輝《かゞや》く星《ほし》は貴人《きじん》の星《ほし》、薄暗《うすくら》く見《み》える星《ほし》は貧乏人《びんばふにん》の星《ほし》である、萬《まん》一キラ〳〵と輝《かゞや》く星《ほし》が見《み》えなくなると貴《き》人死《じんし》ぬ前兆《ぜんてう》、薄暗《うすくら》い星見《ほしみ》えなくなると貧乏人死《びんばふにんし》ぬ前兆《ぜんてう》。

二三、旋風《つむじかぜ》が口《くち》に入《はい》ると氣狂《きちがひ》になる。

二四、地震《ぢしん》があると國《くに》に大禍《たいくわ》があるといふ。
二五、地震《ぢしん》があると青魚《せいぎよ》(鯡《にしん》)の大漁《たいれふ》がある。
二六、地《ち》の底《そこ》には閻魔《えんま》大王《たいわう》が居《を》つて惡人《あくにん》が死《し》ぬと其人《そのひと》の罪《つみ》を罰《ばつ》する
二七、雷《かみなり》に撲《う》たれて死《し》ぬ子《こ》は不孝者《ふかうもの》である。

# 期節

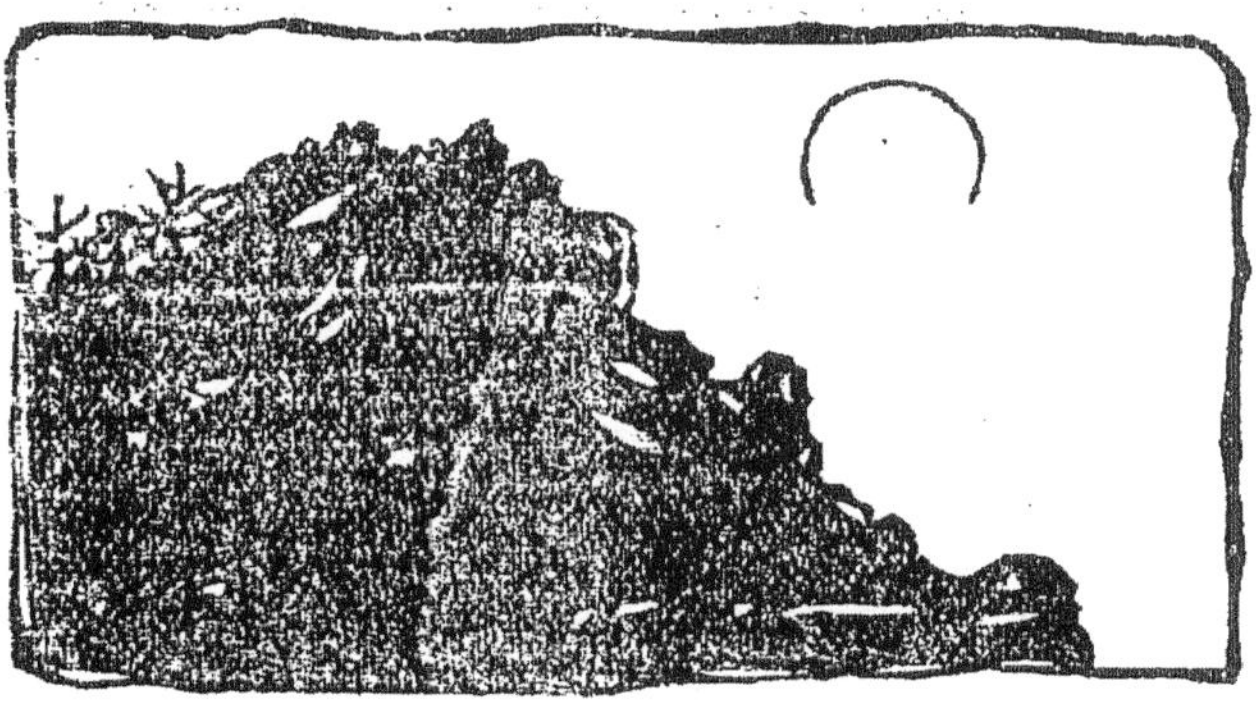

# 期節

一、一月《げつ》一日《にち》の夜《よ》他人《たにん》の家《いへ》に泊《とま》ると家《いへ》に不《ふ》幸《かう》がある。

二、一月《げつ》一日《にち》に金持《かねもち》の所《ところ》の便所《べんじよ》に往《いつ》て一掬《すく》の灰《はい》を持《もつ》て自分《じぶん》の家《いへ》の便所《べんじよ》に置《おく》と其年《そのとし》には其家《そのいへ》の農作物《のうさくぶつ》が能《よ》く出來《でき》て金持《かねもち》になる

註《ちう》　便所《べんじよ》より灰《はい》を取るは不思議《ふしぎ》の事《こと》のやうなれど朝鮮《てうせん》にては温突《おんどる》の灰《はい》は必《な》らず便所《べんじよ》に棄《す》て肥料《ひれう》となすものなり

三、一月《げつ》一日《にち》鵲《かさゝぎ》が鳴《な》くと其年《そのとし》は豐年《ほうねん》。

註《ちう》　鵲《かさゝぎ》は吉鳥《きつてう》とし烏《からす》は不吉《ふきつ》の鳥《とり》とす。

四、一月《げつ》一日《にち》に鹽賣《しほうり》が初《はじめ》て入《はい》つて來《く》ると其家《そのいへ》は貧乏《びんばふ》になる。

五、正月初丑《せうぐわつはつうし》の日《ひ》に働《はたら》くと其家《そのいへ》の牛《うし》が死《し》ぬ、又正月初午《またせうぐわつはつうま》の日《ひ》に働《はたら》くと其家《そのいへ》の馬《うま》が死《し》ぬ。

註《ちう》　牛馬《ぎうば》を逆待《ぎやくたい》すべからずとの教訓《けうくん》より來《きた》りたるものならむ、一月《げつ》五日《か》を午《うま》の日《ひ》、一月《げつ》六日《か》を丑《うし》の日《ひ》と定《さだ》め居《を》る所《ところ》もあり。

六、正月《せうぐわつ》の子《ね》の日《ひ》に針仕事《はりしごと》をす《す》ると指《ゆび》が痛《いた》む。

七、正月《せうぐわつ》七日《か》を人日《ひとび》といつてこの日《ひ》天候《てんこう》が惡《わる》かつたり人《ひと》が喧嘩《けんくわ》をしたりすると其年《そのとし》には流行病《りうかうべう》がある。

八、正月初卯《せうぐわつはつう》の日《ひ》に女《をんな》の泊客《とまりきやく》があると其家《そのいへ》に凶事《けうじ》がある。

註《ちう》　女《をんな》を不淨《ふぜう》の者《もの》さする事《こと》内地《ないち》と同樣《どうやう》なり。

九、正月初卯《せうぐわつはつう》の日《ひ》に丈《たけ》の高《たか》い人《ひと》が來《く》ると其《そ》の家《いへ》には福《ふく》が來《く》る前兆《ぜんてう》である。

一〇、正月初二日《せうぐわつはつふつか》の初夢《はつゆめ》に魚《うを》の夢《ゆめ》をみると其年《そのとし》には農作物《のうさくぶつ》がよく出來《でき》る。

鮮語ニテ
ヘ暑サト
云フコト
チ덥기
(トーブ
キ)ト云
フ



二、正月《せうぐわつ》十五日《にち》の夜《よ》澤山《たくさん》の人《ひと》の家《いへ》に往《い》つて食事《しよくじ》をすると福《ふく》を得《う》る

三、正月《せうぐわつ》十五日《にち》に熱《ねつ》を賣《う》ると其《そ》の年《とし》には暑《あつ》さを知《し》らない。

註《ちう》　故《ゆゑ》に一月《ぐわつ》十五日《にち》には子供《こども》か道《みち》で他《た》の者《もの》に逢《あ》へば、直《す》く
に呼《よ》びかけ向《むか》ふより返事《へんじ》をすれば、やゐ暑《あつ》さを賣《う》つたり
といひて喜悦《きねつ》す。故《ゆゑ》に此日《このひ》は呼《よ》びかけられても返事《へんじ》せざ
る者多《ものたほ》し、要《ねう》するに子供《こども》の間《あひだ》に行《おこな》はれ居《を》る奇習《きしつ》なり。

三、正月《せうぐわつ》十五日《にち》に五穀《こく》を牛馬《ぎうは》に喰《く》はせて見《み》て一番初《はんはじ》めに食《く》つたものは其年《そのさし》よく出來《でき》る。

一四、正月《せうぐわつ》十五日《にち》の夜《よ》橋《はし》の上《うへ》を通過《つうくわ》すると、其年《そのさし》には脚《あし》の病氣《べうき》に罹《かゝ》らない。

板遊ノコトチ늘쒸는것（ヌルチナンゴツ）ト云フ。

註《ちう》　この橋渡《はしわた》りは一度渡《ごわた》りたるときはその橋《はし》を又歸途《またかへり》にも渡《わた》ることを得《ね》ず、かくすれば無効《むかう》なりと、故《ゆゑ》に歸《かへ》りには他《た》の橋《はし》を渡《わた》らさる可《べ》からず、陰暦《ゐんれき》の正月《せうぐいつ》十五日《にち》に幼老男女《らうにうだんぢよ》か橋《けつ》上《ぜつ》を渡《わた》るは今尚《いまな》ほ盛《さかん》に行《おこな》はれつゝあり。

一五、正月《せうぐわつ》十五日《にち》に漬物《つけもの》を食《は》べると田畑《たはた》に雑草《ざつさう》か繁茂《はんも》する。

一六、正月《せうぐわつ》十五日冷水《にちれやみづ》を飲《の》むと其《そ》の年旅行《としりよかう》する時雷《ときらい》雨に逢《あ》ふ。

註《ちう》　食後冷水《しよくごひやみづ》を飲《の》むは鮮人《せんじん》の常習《ぜうしふ》なり。

一七、正月《せうぐわつ》十五日《にち》に板遊《いたあそび》をすると足《あし》の病氣《びやうき》にかゝらない。

註《ちう》　故《ゆゑ》に板遊《いたあそび》を盛《さかん》にやるなり、而《しか》して男子《だんし》よりも女子《ぢよし》に多《たほ》きは異《い》となすべし、從《したが》つて女子《ぢよし》巧妙《こうめう》なり。

神様ハ日本内地ニテノ神様トハ異リ鬼神ト云フベキモノナリ鮮語ニテハ귀신(クユイシン)又ハ앙광이(アンクワンイ)ト云ヒ子供ナドハ最モ恐ルルモノナリ

二八、正月《せうぐわつ》十五日《にち》の夜《よ》荏油《ごまあぶら》を器《うつわ》に入《い》れ其《そ》れに火《ひ》を灯《とも》して其《そ》の火殻《ひがら》か大《おほき》いときは金《かね》を儲《まう》かる。

二九、正月《せうぐわつ》十五日《にち》の朝酒《あさざけ》を飲《の》むと耳《みゝ》か聰《さと》くなる。

三〇、正月《せうぐわつ》十五日《にち》の晩《ばん》には家毎《いへごと》に神様《かみさま》か廻《まわ》つて見《み》て自分《じぶん》の足《あし》に適《かな》ふ履物《はきもの》かあると探《さが》して持《も》つて行《ゆ》く。

註《ちう》　この迷信《めいしん》あるより十五日《にち》の晩《ばん》には必《かな》らず履物《はきもの》を納《をさ》め置《お》くなり。一体《たい》朝鮮《てうせん》に於《おい》て履物《はきもの》かよくなくなるは、竊盗《せつたう》を餘《あま》り重要視《ぢうねうし》せさる傾《かたむき》あるならむも、この迷信《めいしん》より奪《うば》はれたるものも亦《また》その罪《つみ》を神《かみ》に來《き》たして敢《あへ》て顧《かへり》みさるより小竊盗《せうせつたう》殊《こと》に履物泥坊《はきものどろぼう》など多《おほ》くあるならむ。

二、正月《せうぐわつ》十五日《にち》の晩《ばん》に大掃除《おほさうぢ》をして汚物《をぶつ》を焼《や》き拂《はら》ふと一年中《ねんぢう》火災《くわさい》にかゝらない。

註《ちう》 内地《ないち》にて正月《せうぐわつ》十四日《にち》の夜《よ》正月《せうぐわつ》の儀式《ぎしき》に用《もち》ひたる飾物《かざりもの》などを焼《や》き棄《す》て、若《も》し焼《や》き棄《す》てされば火事《くわじ》に逢《あ》ふといふと相似《あひに》たり。

三、正月《せうぐわつ》十五日《にち》に犬《いぬ》の肉《にく》を食《た》べると其《そ》の年《とし》には流行病《りうかうべう》に罹《かゝ》からない。

註《ちう》 朝鮮《てうせん》にては犬《いぬ》を盛《さかん》に飼育《しやう》するなり、而《し》かも之《これ》を愛頑用《あいぐわんよう》、獵犬《れふけん》、夜番《やばん》といふよりも田舍《ゐなか》にては食用《しよくよう》にするを專用《せんよう》となす所《ところ》あり。

二三、正月《せうぐわつ》十五日《にち》の夜《よ》西風《せいふう》か吹《ふ》くと虎《とら》か蕃殖《はんしよく》する。

二四、正月《せうぐわつ》十五日月《にちつき》の盛《のぼ》る方《はう》へ松《まつ》や枯草《かれくさ》などを燃《も》やすと一村無事《そんぶじ》に一年《ねん》を過《すご》す。

二五、正月《せうぐわつ》十五日《にち》に藁人形《わらにんぎやう》を作《つく》つて色々《いろいろ》の御馳走《ごちそう》を供《そな》へ、自分《じぶん》の病《びやう》氣《き》ある箇所《かしよ》、例《たと》へば腹部《ふくぶ》なら腹《はら》へ、足《あし》なら足《あし》へ、一文錢《もんせん》(엽전)を挿入《さうにふ》し、人《ひと》の知《し》らない樣《やう》に之《これ》を可成《なるべ》く人通《ひとどほり》の多《おほ》い辻《つじ》に棄《す》てる翌朝《よくてう》になつて子供等《こども》は其人形《そのにんぎやう》をズタ〳〵に切《き》つて、其局部《そのきよくぶ》〳〵にある錢《ぜに》を取《と》つて、喜《よろこ》び、人形《にんぎやう》の形骸《けいがい》は之《これ》を溝《みぞ》や川《かは》などへ放棄《はうき》する、この式《しき》が濟《す》めば、成人《おとな》は人日《ひとび》か濟《す》んだ自分《じぶん》の病氣《びやうき》もやがて全癒《ぜんゆ》するだらうと、大《おほ》いに安心《あんしん》する。

註《ちう》、ズダ〳〵に切《き》るのは何《いつ》れに錢《ぜに》か入《はい》り居《を》るか分《わか》らざる爲《ため》なり、又之《またこれ》を放棄《はうき》せし人《ひと》よりは自分《じぶん》の身代《みがは》りになりたるものとするなり、今《いま》も京城市《けいぜうし》にて盛《さかん》に行《おこな》はれ居《を》れり、十四日《か》の日位《ひくらゐ》から朝鮮《てうせん》の八百屋《やをや》の如《ごと》き所《ところ》に多《おほ》く見受《みう》くるものなり。

---

二六、正月《せうぐわつ》十五日《にち》漬物《つけもの》を食《た》べると其《そ》の年《とし》には齒《は》の病氣《べうき》にかゝり齒《は》か落《お》ちる事《こと》がある。

二七、正月《せうぐわつ》十五日《にち》に「水《みづ》」の字《じ》を書《か》いて屋根《やね》の棟木《むなぎ》に張《は》り附《つ》けて置《お》くと其年《そのとし》は火災《くわさい》に罹《かゝ》らない。

二八、正月《せうぐわつ》十五日《にち》に凧《たこ》を作《つく》つて「凶事去幸福來《けうじさりかうふくきたる》」と書《か》き高《たか》く揚《あ》げてから風《かぜ》のまに〳〵放《はな》つと幸福來《かうふくきた》ること疑《うたがひ》なし。

二九、正月《せうぐわつ》十五日《にち》の夜《よ》乾燥《かんさう》した大豆《だいづ》十二粒《りふ》を水《みづ》に浸《した》し其《そ》れを蔗《いも》の幹《みき》の中《なが》に入《い》れたもの十二箇《こ》を作《つく》つて其《そ》れに正月《せうぐわつ》から十二月《げつ》までの月《つき》を記入《きにふ》し簷《のき》に吊《つる》して翌朝之《よくてうこれ》を取《と》り出《いだ》し其《そ》の豆《まめ》の大小《だいせう》によつて其《そ》の月《つき》の雨《あめ》の寡多《くわた》を卜知《ぼくち》する。

三〇、二月《げつ》一日《にち》に一家《か》の人《ひと》の年齢《ねんれい》の數《すう》と同等《どうとう》に匙《さじ》で米《こめ》を掬《すく》つて飯《めし》を炊《た》いて食《た》べると長生《ちやうせい》する。

三一、立春《りつしゆん》の日《ひ》に天井《てんでう》の樑《はり》に「歲在某歲萬事如意」と書《か》き張《は》り附《つ》けて置《お》くと其年《そのとし》には萬事《ばんじ》意《い》の如《ごと》くなると。

註《ちう》　正月元日《せうぐわつぐわんじつ》には「福如海」「國家安康」「堯舜之世」など書《か》き戶或《こあるひ》は柱《はしら》などに張《は》り附《つ》けあり、支那人《しなじん》のそれと相似《あひに》たり。

堯舜之世
國家安泰

三二、二月《ぐわつ》一日《にち》に風《かぜ》が非常《ひぜう》に吹《ふ》くと虎《とら》が蕃殖《はんしよく》する。

三三、正月《せうぐわつ》十六日《にち》の晩《ばん》に門《もん》の入口《いりくち》に篩《ふるひ》をかけて置《お》くと鬼神《きじん》は必《かな》らず其篩《そのふるひ》の目《め》を數《かぞ》へるので夜《よ》が明《あ》ける。そこで家《いへ》に入《はい》る遑《いとま》がなくなるのであると。

註《ちう》、鬼神《きじん》は陰鬱《いんうつ》なるを好《この》み開闊《かいくわつ》にして日光《につくわう》能《よ》く流通《りうつう》する所《ところ》を好《この》まざる故《ゆゑ》夜《よ》明《あ》くれば直《たゞ》ちに逃《に》げ去《さ》るものとす。

三四、五月《ぐわつ》五日《か》に雨《あめ》が降《ふ》るとその年《とし》凶作《きようさく》、初夏《しよか》の降雨《かうう》は綿花《めんくわ》及《およ》び粟《あわ》の凶作《けうさく》。

三五、四月《ぐわつ》八日《か》(灌佛《くわんぶつ》)には寺《てら》に詣《まゐ》り、又家内《またかない》には燈籠《とうろう》を點《てん》じて福《ふく》を祈《いの》る。又《また》この日《ひ》に降雨《かうう》があるとその年《とし》は豊年《ほうねん》である。

三六、閏年《うるうどし》には野《の》の水《みづ》が減《へ》る。

三七、寒食《かんしょく》の日《ひ》に霜《しも》が降《ふ》ると其《そ》の年《とし》は非常《ひぜう》な旱魃《かんばつ》で地下《ちか》三尺《じゃく》まで焼《や》ける。

三八、冬至《たうじ》の日《ひ》に豆粥《まめがゆ》を拵《こしら》へて四方《はう》の壁《かべ》に塗《ぬ》ると悪鬼《あくき》去《さ》る。

註、内地《ないち》の節分《せつぶん》に「福《ふく》は内《うち》鬼《をに》は外《そと》」と豆《まめ》を撒《まく》と相似《あひに》たり

三九、十二月《げつ》大晦日《おほみそか》の夕刻《ゆふこく》に髪《かみ》の毛《け》を焼《や》いて悪鬼《あくき》を拂《はら》ふ。

四〇、十二月《げつ》大晦日《おほみそか》の夜金《よかね》や鐵砲《てつぱう》など大《おほ》きな音《おと》を立《た》てると鬼神《きじん》が逃《に》げさるといふ。

四一、七月《ぐわつ》七日《か》に子供《こども》が角力《すまふ》を取《と》つて勝《か》つたものは其《そ》の年嫁《としよめ》を貰《もら》ふ。

四二、五月《ぐわつ》五日《か》には鞦韆《ぶらんこ》の遊《あそび》をしないと其《そ》の年《とし》には大變蚊《たいへんか》に噛《か》まれる。

註、故《ゆゑ》に此日《このひ》は常《つね》に内房《ないばう》にのみ閉《と》ぢ籠《こも》つて居《を》るものも盛《さかん》に外《そと》に出《いで》てこの遊戯《いうぎ》をやるなり、而《しか》も女《をんな》の子最《もつと》も多《おほ》く已《すで》に嫁入《よめいり》して家《いへ》に二三人《にん》の子供《こども》まで設《まう》け居《を》らるゝ御婦人《ごふじん》もよく調子《てうし》を合《あは》せらるゝは餘程《よほど》寄《き》とすべし。

四三、十二月晦日《ぐわつみそか》に自分《じぶん》の家《いへ》に泊《とま》らないで他人《たにん》の家《いへ》に泊《とま》ると其《そ》の年《とし》には病氣《べうき》にかゝらない。

四四、除夜《ぢよや》に人《ひと》から自分《じぶん》の惡口《わるくち》を聞《き》くとその翌年《よくとし》は運《うん》がよい。

註《ちう》、故《ゆゑ》に子供《こども》のある家《いへ》では態《わざ》と石《いし》や木片《きぎれ》などを投《な》げてその惡口《わるくち》を待《ま》つなり。

四五、忌日《いみび》。

甲《きのえ》の日《ひ》には倉庫《さうこ》を開《ひら》いていけない。

乙《きのと》の日《ひ》には植物《しよくぶつ》を植《う》えない。

丙《ひのえ》の日《ひ》には竈《かまど》の修繕《しうぜん》をしない。

丁《ひのと》の日《ひ》には頭《あたま》の毛《け》を剃《そ》らない。

戊《つちのえ》の日《ひ》には田畑《たはた》を受《う》けない。
己《つちのと》の日《ひ》には證文《せうもん》を破《やぶ》らない。
庚《かのえ》の日《ひ》には鍼《はり》をうたない。
辛《かのと》の日《ひ》には醬油《せうゆ》を合《あは》せない。
壬《みづのえ》の日《ひ》には水《みづ》を防《ふせ》がない（防堤《ぼうてい》などを築《きづ》いて水《みづ》を堰《せ》かない）。
癸《みづのと》の日《ひ》には訟訴事《そせうごと》をしない。
又子《またね》の日《ひ》には占《うらなひ》を問《と》はない。
丑《うし》の日《ひ》には冠帶《くわんたい》をしない。
寅《とら》の日《ひ》には先祖《せんぞ》の祭《まつり》をしない。
卯《う》の日《ひ》には井戸《ゐど》を掘《ほ》らない。

辰《たつ》の日《ひ》には泣《な》いてはならぬ。
己《み》の日《ひ》には遠地《えんち》へ旅行《りよかう》しない。
午《うま》の日《ひ》には屋根《やね》を葺《ふ》かない。
未《み》の日《ひ》には服薬《ふくやく》しない。
申《さる》の日《ひ》には安眠《あんみん》してはならぬ。
酉《とり》の日《ひ》には客《きやく》に會《あ》はない。
戌《いぬ》の日《ひ》には犬《いぬ》を貰《もら》はない。
亥《ゐ》の日《ひ》には嫁《よめ》を娶《めと》らない。

四六、天日《てんじつ》の日《ひ》には屋根《やね》を葺《ふ》かない、この日《ひ》葺《ふ》くと火事《くわじ》が起《おこ》る。

註《ちう》、天日《てんじつ》の日《ひ》とは正《せう》五九月《げつ》の子《ね》の日《ひ》、二、六、十月《げつ》の卯《う》の日《ひ》

三、七、十一月《げつ》の午《うま》の日《ひ》、四、八、十二月《げつ》の酉《とり》の日《ひ》をいふ。

四七、游禍《いうくわ》の日《ひ》には服薬《ふくやく》しない。

註、游禍《いうくわ》の日《ひ》とは正五九月《げつ》の己《み》の日《ひ》、二、六、十月《げつ》の寅《とら》の日《ひ》、三、七、十一月《げつ》の亥《ゐ》の日《ひ》、四、八、十二月《げつ》の申《さる》の日《ひ》をいふ。

四八、人《ひと》の身体《しんたい》には人神《ひとがみ》が左《さ》の日《ひ》に各部《かくぶ》に宿《やど》るのであるといつて醫《い》者《しや》は決《けつ》してその部分《ぶぶん》の治療《ちれう》を施《ほどこ》さない。

月《つき》の一日《にち》には足叉《あしまた》は大指《おほゆび》。

仝《おなじく》二日《か》には外踝《ぐわいくわ》。

仝《おなじく》三日《か》には股《もゝ》の内部《ないぶ》。

仝《おなじく》四日《か》には腰《こし》。

仝 五日《か》には口《くち》。
仝《たなじく》 六日《か》には手《て》。
仝《たなじく》 七日《か》には内踝《ないくわ》。
仝《たなじく》 八日《か》には同上《ごうぜつ》。
仝《たなじく》 九日《か》には尻《しり》。
仝《たなじく》 十日《か》には腰《こし》又《また》は脊《せ》。
仝《たなじく》 十一日《にち》には鼻《はな》。
仝《たなじく》 十二日《にち》には髮《かみ》の生際《はへぎは》。
仝《たなじく》 十三日《にち》には歯牙《しが》。
仝《たなじく》 十四日《か》には胃《ゐ》又《また》は腕《かひな》。

仝《おなじく》十五日《にち》には徧身《へんしん》。
仝《おなじく》十六日《にち》には胸《むね》。
仝《おなじく》十七日《にち》には氣衝《きせう》。
仝《おなじく》十八日《にち》には股《もゝ》の內部《ないぶ》。
仝《おなじく》十九日《にち》には足《あし》。
仝《おなじく》二十日《か》には內踝《ないくわ》。
仝《おなじく》二十一日《にち》には手《て》の小指《こゆび》。
仝《おなじく》二十二日《にち》には外踝《ぐわいくわ》。
仝《おなじく》二十三日《にち》には肝及足《かんおよびあし》。
仝《おなにく》二十四日《か》には手《て》の陽明《やうめい》。

仝《おなじく》二十五日《にち》には足《あし》の陽明《やうめい》。
仝《おなじく》二十六日《にち》には胸《むね》。
仝《おなじく》二十七日《にち》には膝《ひざ》。
仝《おなじく》二十八日《にち》には陰部《いんぶ》。
仝《おなじく》二十九日《にち》には脛膝《けいしつ》。
仝《おなじく》三十日《にち》には足趺《そくてつ》。

註《ちう》、勿論《もちろん》各部《かくぶ》分《ぶん》は重複《ぢうふく》する所《ところ》あり。

この忌日《いみび》は占者《うらなひしや》之《これ》を能《よ》く知《し》る、地方《ちはう》にありては儒者《じゆしや》、兩班《やんばん》之《これ》を知《し》るを以《もつ》て普通《ふつう》の人民《じんみん》はこれらの人《ひと》に尋《たづ》ねてその日《ひ》を擇《えら》ぶものとす。

# 鳥獸

## 鳥獸

一、鵲《かさゝぎ》が住家《すみか》の南方《なんはう》の木《き》に栖《す》を作《つく》ると其家《そのいへ》の主人《しゆじん》が官吏《くわんり》に登用《とうよう》せらる。

註、官吏《くわんり》は鮮人《せんじん》の生命《せいめい》なり、鵲《かさゝぎ》は吉鳥《きちてふ》とす、故《ゆゑ》に南方《なんはう》へ樹木《じゆもく》を植《う》え巣《す》を拵《こし》らへる時節《じせつ》となれば故《ことさ》らに枯木《かれき》などを集《あつ》め來《きた》りて鵲《かさゝぎ》を招《まね》くもの少《すくな》からず。

鳥　獸　完

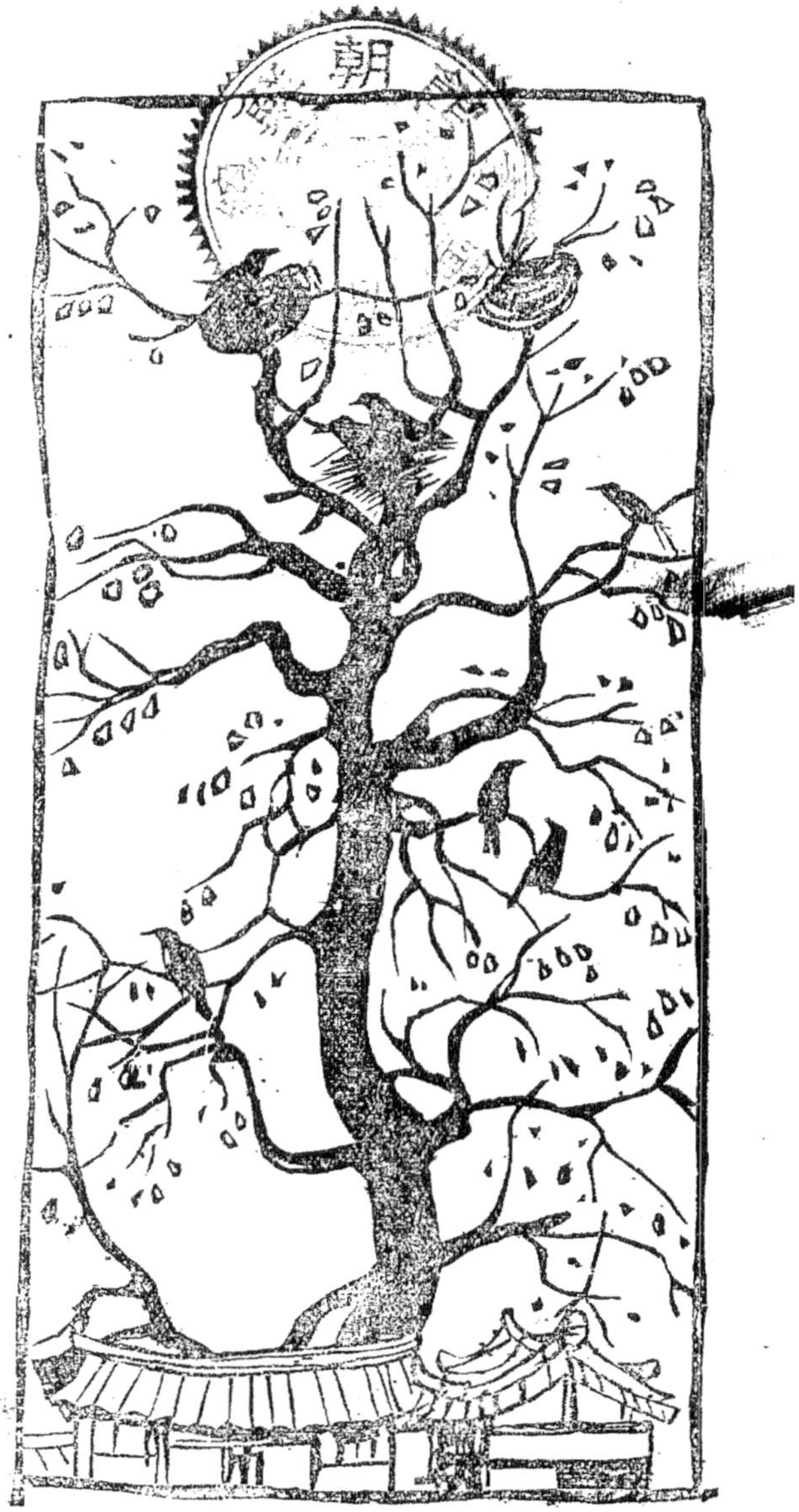
朝

二、鵲《かさゝぎ》か朝早《あさはや》く來《き》て鳴《な》く家《いへ》には芽出度《めでた》い來客《らいきやく》がある夕方《ゆふがた》來《き》て鳴《な》くと凶事《きよじ》がある。

三、鵲《かさゝぎ》が高《たか》い木《き》の絶上《ぜつじやう》に巣作《すつく》ると其年《そのとし》には大風《たいかぜ》が吹《ふ》かない。

四、烏《からす》が傳染病流行時《でんせんびやうりうかうじ》に來《き》て啼《な》く家《いへ》の病人《びやうにん》は直《す》ぐ死《し》ぬ。

五、鷄《にはとり》が日暮《ひく》れない前《まい》に鳥屋《とりや》に入《い》ると其年《そのとし》には米《こめ》の價《あたい》が上《あが》る。

六、牝鷄《めんどり》が夜中《よなか》に啼《な》くと其家《そのいへ》に禍《わざはい》が起《おこ》る、若《も》しも鳴《な》いた時《とき》は直《す》ぐに其鷄《そのとり》の頭《あたま》を切《き》つて其《そ》れを士中《どちう》に深《ふか》く埋《うづ》めると其難《そのなん》を免《まぬ》かる。

七、鷄《にはとり》が卵《たまご》を生《う》む時塒《ときねぐら》の下《した》に斧《をの》を吊《つる》して置《お》くと大《たい》きな卵《たまご》を産《う》む。

八、鷄《にはとり》に正月《しやうぐわつ》十四日《か》の朝松《あさまつ》の實《み》を撒《ま》いて食《く》はせると其家《そのいへ》の鷄《にはとり》が蕃殖《はんしよく》する。

九、牡鷄《をんどり》が卵《たまご》を産《う》むと大幸福《だいこうふく》がある。

註、故《ゆゑ》に牡鷄《をんどり》が産《う》みし卵《たまご》を大切《たいせつ》に保存《ほぞん》するものなり、牡鷄《をんどり》の卵《たまご》を産《う》むとは不思議《ふしぎ》の事《こと》なれど記者《きしや》も一度實際《じつさい》にその卵《たまご》をみたる事あり大《おほ》きさ母指大《はしだい》なり、學說上《がくせつじやう》よりも絕對《ぜつたい》になきものにあらざる由《よし》なり。

一〇、雉《きじ》が家《いへ》に飛《と》び入《い》ると其家《そのいへ》には大不幸《だいふこう》がある。

一一、白雉《しろきじ》は大吉鳥《だいきつてふ》、大瑞鳥《だいずゐてふ》である。

註、昔李朝《むかしりてう》に於《おい》ては正月《しやうぐわつ》には必《かな》らず白雉《しろきじ》あらざる可《べ》からず、而《しか》して江原道《こうげんだう》をその産地《さんち》となし江原道《こうげんだう》の觀察使《くわんさつし》は必《かな》らず毎年《まいねん》一羽宛《はづゝ》朝庭《てうてい》に獻納《けんのふ》せざる可《べ》からず、若《も》し獻納《けんなふ》せざれば爲《た》めにろの官《くわん》を廢《はい》せらるる事《こと》ありしとなり。

一二、燕鳥《つばめ》は吉鳥《きつてふ》である之《これ》を殺《ころ》したものは熱病《ねつびやう》に罹《か》かる。

一三、燕鳥《つばめ》を食《く》つた人《ひと》が船《ふね》に乘《の》ると其《そ》の船《ふね》か難船《なんせん》する。

一四、燕鳥《つばめ》が水車《すゐしや》の中《なか》に巢《す》を作《つく》ると其《そ》の年《とし》は大旱魃《だいかんばつ》。

一五、鳩《はと》の肉《にく》を食《く》つた女《をんな》は二人《ふたり》の子供《こども》しか生《う》まない。

一六、雀《すゞめ》の頭《あたま》を食《た》べると器物《きぶつ》を毀《こは》す。

一七、鳶《とび》が啼《な》くと雨《あめ》が降《ふ》る。

註、内地《ないち》に於《おい》ても地方《ちはう》によりかく云《い》ふ所《ところ》あり、されど朝鮮《てうせん》にては鳶《とび》の鳴《な》く聲《こゑ》は「雨降《あめふ》る〱」と聞《きこ》ゆる由《よし》卽《すなは》ち「비오오〱」なり、實際《じつさい》の鳴聲《なきごゑ》がピオ〱にして비오오と音相通《をんあひつう》するより

かく云《い》ふものならむか。

一八、鳥《からす》が村《むら》の堤防《ていばう》の附近《ふきん》で澤山《たくさん》集《あつ》まつて群《ぐん》をなして鳴《な》くと其《そ》の村《むら》に傳染病《でんせんびやう》が流行《りうかう》する。

一九、鳩《はと》が部屋《へや》に入《い》ると凶事《きようじ》がある。

二〇、黄鳥《くわうてう》(鶯《うぐひす》)が低《ひく》い地《ち》に集《あつ》まると大雨《たいう》が降《ふ》る、白鷺《しらさぎ》が高《たか》い地《ち》に集まると大旱魃《だいかんばつ》。

註、黄鳥並座橋水濕。白鷺高飛太極乾の詩《し》より來《きた》りたるものならむ。

二一、潤年《うるうどし》には鳥《とり》が變《かは》つて蛤《はまぐり》となる。

註、鳥《とり》は雀《すゞめ》を指《さ》す、朝鮮語《てうせんご》にて鳥《とり》は새なり、されど單《たん》に새とい

ふときは雀《すゞめ》を指《さ》す、是非他《ぜひた》の鳥《とり》と區別《くべつ》せざる可《べ》からざる時《とき》は참새《チヤムセー》といふ。

二二、深夜鷄《しんやにはとり》が鳴《な》いたり烏《からす》が啼《な》いたりすると兵亂《へいらん》がある。

二三、犬《いぬ》が家屋《かおく》の上《うへ》に登《のぼ》ると大凶事《だいきようじ》がある、

二四、狐《きつね》が後庭《うしろには》で頻《しき》りに啼《な》くと其家《そのいへ》に禍《わざはひ》がある、病人《びやうにん》ある家《いへ》なれば其《そ》の病人《びやうにん》が死《し》ぬ。

二五、犬《いぬ》が前庭《まいには》で吠《ほ》えると大慶事《だいけいじ》がある。

二六、犬《いぬ》が草《くさ》を食《た》べると大雨《たいう》が降《ふ》る。

二七、犬《いぬ》が門前《もんぜん》の土《つち》を掘《ほ》ると其《そ》の家《いへ》の主人《しゆじん》が死《し》ぬ。

二八、犬《いぬ》に跨《またが》つて乘《の》ると山《やま》に往《い》つてから虎《とら》に嚙《か》まれる。

二九、犬《いぬ》が塀《へい》の上《うへ》に登《のぼ》つて長《なが》く口《くち》を開《ひら》いて向《むか》つて居《ゐ》る家《いへ》には大凶事《だいきよじ》がある。

三〇、犬《いぬ》の澤山群《たくさんぐん》をなして喜《よろこ》ひ廻《まは》ると大風《たいかぜ》が吹《ふ》く。

三一、犬《いぬ》が釜《かま》の前《まへ》の土《つち》を掘《ほ》ると家人《かじん》に不幸《ふかう》がある。

三二、犬《いぬ》の尾《を》に藁屑《わらくづ》が附着《ふちやく》して居《ゐ》ると其《そ》の日《ひ》必度《きつと》れ客樣《きやくさま》かある。

三三、猫《ねこ》を殺《ころ》すと死《し》ぬ時猫《ときねこ》の樣《やう》な眞似《まね》をして死《し》ぬ。

三四、猫《ねこ》が叮寧《ていねい》に顔《かほ》を拭《ぬぐ》ふと其《そ》の日客《ひきやく》が來《く》る。

三五、猫《ねこ》か死人《しにん》の臥《ふ》して居《ゐ》る所《ところ》の屋根《やね》の上《うへ》を横《よこ》ぎると其《そ》の死人《しにん》か起《き》立《りつ》する、其《そ》の時右《ときみぎ》の手《て》で死人《しにん》の右《みぎ》の頰《ほほ》を叩《たた》くと直《す》ぐ倒《たを》れる。

註、この迷信《めいしん》は深《ふか》く信《しん》せられ居《を》れり、朝鮮人《てうせんじん》に向《むか》つてかゝる

猫ハ之ヲ魔神ト信ズ

事《こと》は迷信《めいしん》ならむと反駁《はんばく》すれば強力《きよゝりよく》之《これ》を争《あらそ》ふ、蓋《けだ》し朝鮮人《てうせんじん》は猫《ねこ》を愛育飼養《あいいくしやう》する傾向《けいかう》なし、寧《むし》ろ之《これ》を魔《ま》或《あるひ》は怪物視《かいぶつし》居《を》れり、幼少《えうせう》の折《をり》子供《こども》泣《な》けば「それ猫來《ねこきた》れり（자ー고잉이왓다）と赫《おど》すと直《たゞ》ちに泣《な》き止《や》むをみても如何《いか》に猫《ねこ》を恐《おそ》れるかを察《さつ》すべし恰《あたか》も内地《ないち》にて「うら幽靈《ゆうれい》か來《き》た」と同《どう》一なり。

三六、猫《ねこ》の毛《け》を食《た》べると死後《しご》極樂《ごくらく》に往《い》かれぬ。

三七、旅行中狐《りよこうちうきつね》に道《みち》を横切《よこぎ》られると凶事《きようじ》かある。

三八、狐《きつね》か村《むら》の入口《いりくち》などで頻《しき》りに鳴《な》いて火災《くわさい》あるを知《し》らせるときは家毎《いへごと》に大豆《だいづ》を箕《す》に入《い》れて篩《ふる》ふと其《そ》の災難《さいなん》を免《まぬ》かれる。

三九、家畜《かちく》か産《うま》れたとき色《いろ》の附《つ》いた着物《きもの》を着《き》て其《そ》の家《いへ》に往《い》くと其産《そのうま》れた子《こ》か死《し》ぬ。

註、鮮人《せんじん》か普通白衣《ふつうはくい》なるを察《さつ》すべし。

四〇、犬《いぬ》は五年以上《ねんいじやう》、鷄《にはとり》は三年以上《ねんいじやう》飼養《しやう》すると悪鬼《あくま》となつてその主家《しゆか》に危害《きがい》を與《あた》へる。

註、故《ゆゑ》に犬《いぬ》は五年《ねん》の中《うち》、鷄《にはとり》は三年《ねん》の中《うち》に必《かなら》ず之《これ》を殺《ころ》し、食用《しよくよう》となすなり、犬《いぬ》を食料《しよくれう》に供《きよう》することこの地《ち》には何《なに》も不思議《ふしぎ》の事《こと》にあらず、肉屋《にくや》に牛《うし》の顔面《がんめん》或《あるひ》は蹄《ひづめ》など陳列《ちんれつ》しあるは、犬《いぬ》の肉《にく》にあらざる證據《しやうこ》なれど又《また》一方《はう》よりは狗肉《くにく》を賣《うる》ものある證《しやう》明《めい》なり。内地《ないち》にては牛頭《ぎうとう》を掲《かゝ》けて狗肉《くにく》を賣《うる》といふは實際《じつさい》なき一つの故事《こじ》となり居《をれ》どこの地《ち》にては實際《じつさい》に目撃《もくげき》する所《ところ》なり

雲嶺

四一、牛疫《ぎうえき》か流行《りうかう》して牛《うし》か斃《たを》れるのは天然痘《てんねんたう》の神《かみ》の祟《たゝり》である。

註、一体《たい》に鮮人《せんじん》は天然痘《てんねんたう》を神《かみ》の祟《たゝり》なりと信《しん》し居《を》れり、故《ゆゑ》に天然《てんねん》痘《たう》に罹《か》れば御馳走《ごちさう》を拵《こし》らへ神《かみ》に供《そな》へて祭《まつり》をなすなり。然《しか》るに近年《きんねん》に至《いた》り牛痘《ぎうたう》にて種痘《しゆたう》の方法發明《はうはふはつめい》せられてよりは人間《にんげん》この病氣《びやうき》に罹《か》かる者《もの》なし、從《したが》つて神《かみ》は此《これ》までの如《ごと》く馳走《ちそう》に預《あづ》かるを得《ね》ず。これ元《もと》を考《かんが》ふれは牛痘《ぎうたう》あるより來《きた》る、牛《うし》は神《かみ》の怒《いか》りに觸《ふ》れたり故《ゆゑ》に牛疫《ぎうえき》を與《あた》へて一夜《や》の中《うち》に死《し》に至《いた》らしむ、是《こ》れ牛《うし》に報《むく》ゆる所《ところ》なりと、又面白《またおもしろ》き迷信《めいしん》にあらすや。

四二、牛馬《ぎうば》を繫《つな》いである綱《つな》を跨《また》げて往《い》く商人《しやうにん》は必度《きつと》損《そん》をする。

註、商人《しやうにん》か損《そん》をするとは「마수업다」を譯《やく》したるものなり。

鮮人ハ虎ト豹トヲ明瞭ニ區別セズ

猛獸ノ害ハ内地ノ比ニアラズ

四三、豚《ぶた》か小屋《こや》の中《なか》の藁屑《わらくづ》を集《あつ》めると雨《あめ》か降《ふ》る。

四四、夜中《よなか》に嘯《うそぶ》くと虎《とら》か來《く》る。

註、鮮人《せんじん》は虎《とら》も豹《へう》も同《おな》しく一所《しよ》にして虎《とら》といふ、虎《とら》の皮《かわ》がある代《たい》は二十五圓《ゑん》といふ、實際《じつさい》みれば豹《へう》の皮《かは》なり、虎《とら》に關《くわん》する迷《めい》信《しん》或《ある》ひは昔話《むかしばなし》などは非常《ひじやう》に多《おほ》し鮮地《せんち》に虎《とら》、豹《へう》の多《おほ》き又察《またさつ》すべし。

四五、至冬《とうじ》の日《ひ》に大變寒《たいへんさむ》いと其歳《そのとし》には虎《とら》か澤山殖《たくさんふ》える。

四六、鼠《ねずみ》か金持《かねも》ちの家《いへ》に澤山出來《たくさんでき》ると火災《くわさい》がある。

四七、白《しろ》い毛《け》が尾《を》に澤山《たくさん》ある犬《いぬ》は主人《しゆじん》に害《がい》を與《あた》へる。

四八、正月《しやうぐわつ》十五日《にち》の朝犬《あさいぬ》に眞先《まつさき》に食物《しよくもつ》を與《あた》へると貧乏《びんぼう》になる。

四九、獵《りよう》に出《で》かけるとき兎《うさぎ》に道《みち》を横切《よこぎ》られると其《そ》の日《ひ》の獵《りよう》か少《すくな》い。

五〇、歳《とし》の始《はじ》めに見《み》た動物《どうぶつ》か輕《かる》い動物《どうぶつ》であつたならば其《そ》の年中躰輕《としぢうからだかる》く無病《むびやう》である之《これ》に反《はん》して重《おも》い動物《どうぶつ》であつたならば其《そ》の年《とし》は躰重《からだおも》く病氣《びやうき》などにかゝることがある。

五一、牛《うし》の角《つの》に朱墨《しゆすみ》を塗《ぬ》るか赤《あか》い布帛《ふくさ》を巻《ま》くところの牛《うし》が傳染病《でんせんびやう》にかゝらない。

# 魚介

# 魚介

一、蟹《かに》か鼠《ねづみ》の穴《あな》の中《なか》へ入《はい》ると凶事《きよじ》がある。

二、乳《ちゝ》の出《で》ない女《をんな》が「カムルチー」の肉《にく》を食《た》べると乳《ちゝ》が出《で》る様《やう》になる、

註、カムルチーは多《おほ》く淡水《たんすゐ》の池《いけ》などの中《なか》に居《ゐ》る魚《うを》にして大《おほ》きさ鯉位《こひぐらひ》なり、鱗《うろこ》には蛇紋《じやもん》ありて蛇《へび》の鱗《うろこ》の如《ごと》し、肉《にく》白《しろ》く之《これ》を煮《に》れば滑《なめら》かにして味《あぢ》淡白《たんはく》

なり。刺身《さしみ》としても焼《や》きても煮《に》ても食《しよく》す。

三、明太魚《みんたいぎよ》は明《みん》の國《くに》の大臣《だいじん》が死《し》んで魚《うを》になつたもので鬼神《きじん》か宿《やど》つて居《ゐ》るといふ所《ところ》がある。

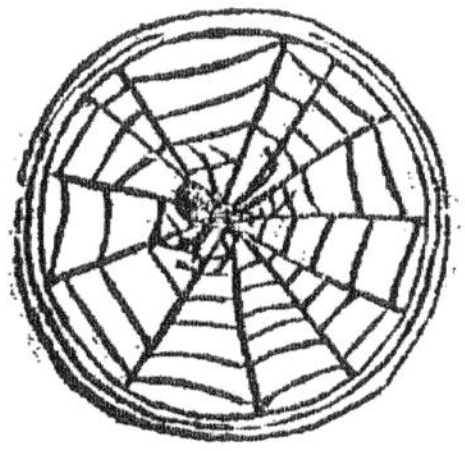

# 昆蟲

一、蜘蛛《くも》が天井《てんじやう》から降《くだ》ると來客《らいきやく》がある。

二、蜘蛛《くも》が夜天井《よるてんじやう》から降《くだ》ると其《そ》の家の病人《びやうにん》が全快《ぜんくわい》する。

三、蜘蛛《くも》を干足殺《ひきころ》すと極樂《ごくらく》に往《い》く、蜘蛛《くも》は不孝蟲《ふかうちう》といふ。

四、蛇《へび》か蟾を口《くち》で嚙《か》んで皮《かは》を剝《む》いたものを保存《ほぞん》して置《お》くと金持《かねも》ちになる。

五、蛇《へび》の夢《ゆめ》をみると其翌日錢《そのよくじつぜに》を得《う》る。

六、金《かね》持ちの家《いへ》には人業《じんげう》(인업)とか蛇業《じやげう》とかいふものかある。

註、この業《げう》は勿論《もちろん》無形《むけい》のものであるが毎月《まいつき》十五日《にち》に一度は必《かな》らず色々《いろいろ》の食物《くひもの》を拵《こし》らへて馳走《ちそう》しなければならぬ、この馳走《ちそう》は多《たほ》く庫《くら》や納屋《なや》などに供《そな》へる之《これ》を蛇《へび》か食《た》べる之《これ》をやらなければ直《す》ぐに貧乏人《びんぼうにん》になる、そして若《も》し蛇《へび》か食《た》べ殘《のこ》して居《ゐ》たならその殘《のこり》を主人《しゆじん》か食《た》べなければならぬ。

金満家ノ家ニハ蛇業あり

七、白《しろ》い蜘蛛《くも》が天井《てんじやう》から壁《かべ》に附《つ》いて居《ゐ》るのをみたら金持《かねも》ちになる

八、蚯蚓《みゝず》の居《ゐ》る所《ところ》に小便《せうべん》をすると陰莖《いんけい》か腫《は》れる。

註、内地《ないち》にてもかくいふ所《ところ》あり、又之《またこれ》を呑《の》めは淋疾《りんしつ》を治《ち》するともいふ。

九、春蠶《はるこ》を飼《か》ふとき錢《ぜに》を出入《だしいれ》すると繭《まゆ》をつくらない。

一〇、蜜蜂《みつはち》を飼養《しやう》して居《ゐ》る家《いへ》に死人《しにん》があつたならば之《これ》を蜜蜂《つはち》に告《つ》げねばならぬ、若《も》し告《つ》げないと蜂《はち》が逃《に》げてしまふ。

一一、養蠶中《やうさんちう》非常《ひじやう》に雷鳴《らいめい》かしたり、又《また》は死人《しにん》があつたりすると蠶《かひこ》が繭《まゆ》をつくらない。

# 草木

# 草　木

一、古《ふる》い大木《たいぼく》を切《き》るとき何故《なにゆゑ》そんな大木《たいぼく》を切《き》り倒《たふ》すかと尋《たづ》ねられるとその尋《たづ》ねられた人《ひと》は死《し》ぬ。

註。大木《たいぼく》には木《き》の精《せい》ともいふ可《べ》き鬼神《きじん》住《す》めりといふ、單《たん》に之《これ》を切《き》るも猶神罰《なはしんばつ》あり、人之《ひとこれ》を問《と》ふにも係《かゝ》はらず之《これ》を切《き》るは知《し》らざるよりも一層罰《そうばつ》ある故《ゆゑ》ならむ。

二、孕《はら》み女《をんな》か眞瓜畑《まつくわはたけ》に入《い》ると其《そ》の蔓《つる》が枯《かは》いて延《の》びない。

三、南瓜《かはちや》の蔓《つる》か繁茂《はんも》する頃旅立《ころたびだち》するのは不祥《ふしよう》の基《もと》。

四、半夏《ほんげ》の發芽《はつが》の有様《ありさま》をみて其《そ》の年《とし》の豐凶《はつきよう》を卜知《ほくち》する。

註、半夏《はんげ》は藥品《やくひん》の一種《しゆ》にして白色《はくしよく》の球根《きうこん》なり。

五、正月《しやうぐわつ》十五日《にち》の朝栗《あさくり》を食《た》べなから腫物《はれもの》は嚙《か》み碎《くだ》くといふと其《そ》の年《とし》には腫物《はれもの》か出《で》ない。

六、竹林《たけばやし》か枯《か》れると戰爭《せんさう》かあるといふ。

七、正月《しやうぐわつ》十五日《にち》に餅《もち》を搗《つ》いて柿《かき》の木《き》に塗《ぬ》りつけて置《お》くと其《そ》の實《み》

公孫樹ノ喬木ニシ

か落《お》ちない。

八、果物《くわぶつ》が生《な》つて居《ゐ》るとき是《こ》れを一々數《かぞ》へると其實《そのみ》が生熟《なまじゆくし》のものが多《おほ》く出來《でき》る。

九、農作物《のうさくぶつ》か穂《ほ》を出《だ》すとき家《いへ》の閾《しきい》に腰《こし》をかけると穂《ほ》か出《で》ない。

一〇、櫻桃《ゆすら》の實《み》がよく實《みの》ると其《そ》の年《とし》は豐年《ほうねん》。

一一、大根《だいこん》の皮《かわ》を火《ひ》に燒《や》くと頭《あたま》の髮《かみ》の毛《け》が白《しろ》くなる。

一二、南瓜《かぼちや》の種子《たね》を食《た》べると頭《あたま》に虱《しらみ》が出來《でき》る。

一三、公孫樹《こうそんじゆ》の花《はな》をみた人《ひと》は金持《かねも》ちになる。

テ高ク中天ニ聳立スルヲ意味ス

一四、家《いへ》の周圍《しうゐ》に草木《さうもく》が繁茂《はんも》すると化物《ばけもの》（獨《ひとつ》脚《あし》）が侵入《しんにふ》する、殊《こと》にその木《き》の根《ね》など溫《をん》突《ごる》の中《なか》に入《はい》ると大凶《だいきよ》事《じ》がある。

一五、獨脚《ひとつあし》が田畑《たはたけ》に杭《くひ》を打《う》つて往《い》くと農作物《のうさくぶつ》が出來《でき》ない。

# 金石

一、夏《なつ》の夜外《よそと》で石《いし》を枕《まくら》にして寝《ね》ると口《くち》が歪《ゆが》む。

二、土臺石《どだいいし》が濕《しめ》ると雨《あめ》が降《ふ》る。

三、水中《すゐちう》に無暗《むやみ》に石《いし》を投《な》げ込《こ》むと死後《しご》其《そ》れ丈《だけ》の石《いし》を拾《ひろ》ひ上《あ》げなければ助《たす》からない。

四、金物《かなもの》の音《おと》は悪魔《あくま》大嫌《だいきらひ》である、故《ゆゑ》に病氣《びやうき》などあるときは之を鳴らして去らしめる。

五、親族《しんぞく》の間《あひだ》に小刀《こがたな》などの切《き》れ物《もの》を遣《や》り取《と》りすると不和《ふわ》になる。

必《かな》らず何《なに》か葉錢《ようせん》一文《もん》でも渡《わた》して遣取《やりとり》するとよい。

六、切《き》れ物《もの》が自分《じぶん》の方《はう》へ齒《は》が向《む》ひて來《き》たら之《これ》を拾《ひろ》つてはならぬ、之《これ》を拾《ひろ》ふと何時《いつ》かその切《き》れ物《もの》で自殺《じさつ》することがある。

七、井戸《ゐど》を掘《ほ》るとき女《をんな》が掘《ほ》り始《はじ》めると水《みづ》が非常《ひじやう》によく湧出《ゆうしゆつ》する。

八、金屬《きんぞく》を持《も》つて居《ゐ》ると鬼神《きじん》がよりつかなくて逃《に》げて往《ゆ》く。

九、正月《しやうぐわつ》一日《にち》には井戸《ゐど》の中《なか》に龍神《りうじん》が居《ゐ》る之《これ》を汲《く》んで飲《の》むと出世《しゆつせ》する、殊《こと》に龍《りう》の卵《たまご》などが入《はい》つて居《ゐ》るのを飲《の》んだら必《かな》らず官吏《くわんり》となる。

一〇、履物《はきもの》の裏《うら》に釘《くぎ》とか鋲《びやう》などか踏《ふ》み込《こ》まれると金《かね》を貰《もら》ふ前兆《ぜんてふ》だ。

一、正月《しやうぐわつ》元日《ぐれんじつ》には誰《たれ》よりも先《さ》きに井戸《ゐど》に往《い》つて水《みづ》を汲《く》んで飲《の》むと長壽《ちやうじゆ》である。

註、内地《ないち》の若水《わかみづ》の類《るい》なり。

金　石　㐂

# 山

# 川

# 山川

一、山《やま》には山靈《さんれい》が居《ゐ》る、その山靈《さんれい》に惡口《あくこう》すると大禍《たいくわ》を得《う》る。

二、山《やま》に登《のぼ》つて水《みづ》を飲《の》みたい〳〵と叫《さけ》ぶと虎《とら》が來《く》る。

三、潤年《うるうどし》には川《かは》の水《みづ》が涸《か》れる。

四、旱魃《かんはつ》で諸川《しよせん》一水《すい》をも認《みと》めないとき奇岩怪石《きがんくわいせき》に富《と》む山《やま》に往《い》つて祈禱《きとう》をすると雨《あめ》が降《ふ》る。

五、正月《しやうぐわつ》三日《みつか》靈山《れいざん》に登《のぼ》つて山神《さんじん》を祀《まつ》ると惡鬼《あくき》去《さ》つて一家《か》安泰福祉《あんたいふくし》を得《う》る。

山川　究

六、冠岳山《かんがくざん》には火《ひ》の神《かみ》が居《ゐ》る、この神《かみ》が一度睨《にら》むと直《す》ぐに火事《くわじ》が起《おこ》る。

註、昔時《せきじ》景福宮内《けいふくぐうない》に大火災《だいくわさい》ありたり、之《これ》を巫《みこ》に卜《うらな》はしむ、巫《みこ》曰《いは》く冠岳山《かんがくざん》は元火山《もとくわざん》なり、その神《かみ》この宮《みや》を睨《にら》む因《よ》つて火災《くわさい》ありと、其言《そのげん》を信《しん》じ海駝《かいだ》二體《たい》を据《す》えて睨《にら》み返《かへ》さしむ今景福《いまけいふく》宮前《ぐうぜん》にあるもの是《これ》なりと其當時《そのとうじ》巫《みこ》が如何《いか》に宮中《きうちう》にまでも信《しん》用《よう》されしかを察《さつ》すべし。

衣冠ヲ汚スハ鮮人ノ最モ嫌フ所ナリ周衣（羽織ニ似タモノ）ノ一端ニ泥ノ一点ナリトモ附着セシカ一大事ノ出來セシ如ク云フ殊ニ冠ハ彼ラノ生命ヨリ大事ニスルモノナリ

## 衣服

一、衣冠《いくわん》に鳥《とり》の糞《ふん》がかゝると家族《かぞく》の中《なか》に不幸《ふかう》がある。

二、衣冠《いくわん》に墨《すみ》を附《つ》ければ字《じ》が下手《へた》になる。

雷鳴ノ時ニ金屬チ持ツ危險コノ上ナシ

朝鮮の迷信と俗傳

三、電光《でんくわう》で針《はり》の耳《みゝ》を通《とほ》して着《き》物《もの》を縫《ぬ》ふとりの着《き》物《もの》をきた人《ひと》は官吏《くわんり》となる。

註、官吏志望《くわんりしばう》は鮮人《せんじん》の唯一《いう》の望《のぞみ》なれど雷鳴《らいめい》のときに針《はり》な

どの金屬類《きんぞくるい》を手《て》にし居《を》るは危險《きけん》の事《こと》に非《あら》ざるや。

四、着物《きもの》を蜘蛛《くも》が喰《く》ひ切《き》ると運《うん》が惡《わる》い。

五、着物《きもの》を旅立《たびだち》の間際《まぎは》になつて縫《ぬ》うと運《うん》が惡《わる》い。

六、美《うつく》しい着物《きもの》ばかり着《き》ようと心掛《こゝろが》けて居《ゐ》る人《ひと》は子孫《しそん》が少《すくな》い。

七、天然痘流行《てんねんたうりうかう》の時《とき》は子供《こども》の着物《きもの》に鍵《かぎ》をつけて置《お》くと其《そ》の病氣《びやうき》を免《きぬ》かる。

八、日《ひ》に乾《ほ》して居《ゐ》る衣服《いろゐ》か直《す》ぐに旋風《せんぷう》に吹《ふ》き飛《と》ばされて天《てん》に捲《ま》き上《あ》げられると其《そ》の着物《きもの》の主《ぬし》は死《し》ぬ。

# 家屋

一、表門《おもてもん》を西向《にしむき》にすると子孫《しそん》が少《すくな》い。

二、天火《てんぴ》の日《ひ》に家《いへ》を建《た》てると火災《くわさい》にかゝる、しかし屋根《やね》の上《うへ》から小便《せうべん》をするとこの災難《さいなん》を免《まぬ》かる。

註、火事《くわじ》の時《とき》に屋根《やね》の上《うへ》から小便《せうべん》すると類焼《るゐせう》を免《まぬ》かるともいふ。

三、家《いへ》の窓《まど》を九月《ぐわつ》修繕《しうぜん》すると運《うん》が惡《わる》い。

四、新築《しんちく》の御祝《たいはひ》に寸燐《まつち》や附木《つけぎ》などを持《も》つて往《い》くと其《そ》の家《いへ》の財産《ざいさん》が火《ひ》の燃《も》える樣《やう》に殖《ふ》える。

五、家《いへ》の樑《はり》が音《おと》を出《だ》すと其《そ》の家《いへ》の主人《しゆじん》が死《し》ぬ。

六、大將軍《たいしやうぐん》の居《ゐ》る方向《はうかう》に家《いへ》を建《た》てると其《そ》の家《いへ》の主人《しゆじん》が死《し》ぬ。

註、屋敷《やしき》の內《うち》には天下大將軍《てんかたいしやうぐん》や地下大將軍《ちかたいしやうぐん》などいふ神宿《かみやど》る所《ところ》ありといふ、故《ゆゑ》に家《いへ》を建《た》てんとするときは卜者《うらないしや》を呼《よ》び大將軍《たいしやうぐん》及《およ》び鬼神《きしん》などの有無《うむ》を尋《たづ》ねたる上《うへ》家《いへ》を建《た》てざる可《べ》からず。

# 家具

一、夜中《よなか》に絲車《いとぐるま》を引廻《ひきまわ》はすと盗人《ぬすびと》が來《く》る。

二、破損《はそん》した食器《しよくき》で食事《しよくじ》をすると官吏《くわんり》に登用《とうよう》せられない。

三、商家《せうか》で算盤《そろばん》を逆《ぎやく》に立《た》てると損《そん》をする。

四、家具《かぐ》の毀《こわ》れたものは邪魔《じやま》となる。

五、箒《はうき》や洗濯道具《せんたくだうぐ》などに人《ひと》の血《ち》(女《をんな》の不浄《ふぜう》の血《ち》など)が附着《ふちやく》するとその器《うつわ》は鬼神《きじん》になつて人《ひと》を苦《くる》しめることがある。

六、女《をんな》が米搗臼《こめつきうす》の上《うへ》に腰《こし》かけると口《くち》の歪《ゆが》んだ子《こ》が生《うま》れる。

# 食事

# 食事

一、食事中《しょくじちう》に掃除《さうぢ》をすると貧乏《びんばふ》になる。

二、鳥《がらす》の肉《にく》を食《た》べると記憶力《きおくりょく》が減《へ》る。

三、女《をんな》の子《こ》が雀《すゞめ》の肉《にく》を食《た》べると器物《きぶつ》を毀《こは》す。

鳥ハ雀ヲ意味ス

四、食事中匙《しよくじちうさじ》が折《を》れると害《がい》に逢《あ》ふ。

五、正月一日《せうぐわつにち》に餅《もち》の角《かど》を姙婦《にんぷ》が食《は》べると必《かな》らず男《をとこ》の子《こ》を産《う》む。

六、正月十五日《せうぐわつにち》に酒《さけ》を飲《の》むと耳《みゝ》が聰《さと》くなる。

七、十月戊午《げつつちのえうま》の日《ひ》に餅《もち》を搗《つ》いて食《た》べると金持《かねも》ちになる。

八、他人《たにん》の穀物《こくもつ》を盗《ぬす》んで食《た》べると死後後生《しごごせつ》にはその盗《ぬす》んだ家《いへ》の午《うし》となる。

九、乾《かわ》いた飯《めし》のみ食《た》べると長生《ながいき》する。

一〇、食事《しよくじ》をするとき御飯《ごはん》に湯《ゆ》か水《みづ》かをかけて食《た》べないとその家《いへ》の水田《すゐでん》が乾《かわ》いて來《く》る。

鮮人食事ノ奇習慣

註　朝鮮人《てうせんじん》は必《かな》らず汁《しる》かけ飯《めし》にする習慣《しふくわん》あり、汁《しる》なきときは

釜《かま》の洗《あら》ひ汁《しる》を暖《あたゝ》めたるものか或《あるひ》は冷水《ひやみづ》をかけて食《しよく》するなり
汁《しる》を掛《か》け[redacted]
猶《なほ》一層《そう》この習慣《しふくわん》を持續《ぢぞく》するならむ。

一一、顏《かほ》を洗《あら》はないで食事《しよくじ》をする人《ひと》は出世《しゆつせ》しない。

一二、大切《たいせつ》な宴會《ゑんくわい》のとき女客《ぢよきやく》が第一番《だいいちばん》にくるのは不吉《ふきつ》である。

一三、酒盛《さかもり》のとき最後《さいご》の盃《さかづき》を受《う》けた人《ひと》は男子《だんし》を産《う》む。

一四、胡桃《くるみ》か栗《くり》かを正月《しやうぐわつ》十五日《にち》の夜《よ》食《た》べると運《うん》がよい。

註《ちう》　正月《しやうぐわつ》十三四日《か》の頃《ころ》は胡桃《くるみ》の賣買《ばいばい》盛《さかん》なり。

一五、傳染病《でんせんびやう》流行時《りうかうじ》に豆《まめ》の粥《かゆ》を炊《た》くと病氣《びやうき》にかゝる。

註《ちう》　豆《まめ》のカユは小豆粥《あづきがゆ》のことなり。

一六、姙婦《にんぷ》が章魚《たこ》を食《た》べると骨《ほね》なし子《こ》が生《うま》れる。

一七、姙婦《にんぷ》が鴨《かも》や雁《がん》を食《た》べると水鳥《みづとり》の樣《やう》な水掻《みづかき》を持《も》つた子《こ》が生《うま》れる

一八、正月《せうぐわつ》十五日《にち》に辛《から》い物《もの》を食《た》べると一年中《ねんぢう》皮膚病《ひふべう》にかゝる。

一九、地《ち》に落《お》ちた飯《めし》を拾《ひら》つて食《た》べると啞者《おし》になる。

二〇、酒屋《さかや》に朝早《あさはや》くから喪中《もちう》の人《ひと》が酒《さけ》を飲《の》みに來《く》ると其日《そのひ》は酒《さけ》が澤山《たくさん》賣《う》れる。

註《ちう》　朝鮮人《てうせんじん》は喪《もう》は鄭重《ていてう》にし父母《ふぼ》死《し》すれば三年《ねん》祖父母《そふぼ》は何年《なんねん》と必《かな》らず嚴重《げんぢう》に之《これ》を守《まも》る樣《やう》なれど唯形式上喪《たゞけいしきぜうもつ》の頭巾《づきん》（頭巾《づきん》といへば必《かな》らず喪中《もうちう》に冠《かぶ》るものとなり居《を》れり、內地《ないち》の頭巾《づきん》とは異《こと》なる所《ところ》なり）或《あるひ》は喪中笠《もうちうかさ》を冠《くわん》して喪中《もちう》なるを現《あら》はし居《を》れ

二、食事《しよくじ》をするとき最初《さいしよ》の匙《さじ》が落《お》ちると禍災《くわさひ》がある。

ご矢張酒《やはりさけ》
も飲《の》めば
喧嘩《けんくわ》もす
るといふ
有様《ありさま》にし
て酒屋《さかや》に
出入《しゆつにふ》する
位《くらゐ》は平氣《へいき》
の行《おこなひ》なり

# 夢

夢

一、葬式《さうしき》に逢《あ》つた夢《ゆめ》はその翌日御馳走《よくじつごちそう》を受《う》ける。

二、大災難《だいさいなん》に遭《あ》つた夢《ゆめ》は吉事《きちじ》がある。

三、父母《ふぼ》が死《し》んだ夢《ゆめ》は大吉事《だいきちじ》である。

四、齒《は》が缺《か》けた夢《ゆめ》は凶事《けうじ》である、若《も》し血《ち》が出《で》たら親類《しんるゐ》の中《うち》に不幸《ふかう》がある。

五、龍《りう》の夢《ゆめ》をみた女《をんな》は男《をとこ》の子《こ》を産《う》む。

六、龍《りう》の夢《ゆめ》を男《をとこ》がみたら科擧《くわがく》の試驗《しけん》に及第《きふだい》する。

七、豚《ぶた》を食《く》つた夢《ゆめ》はその翌日馳走《よくじつちそう》を受《う》ける。

八、牛《うし》に逢《あ》つた夢《ゆめ》は先祖《せんぞ》に逢《あ》つたのである。

九、一月《げつ》一日《にち》の初夢《はつゆめ》に自分《じぶん》の家《いへ》が燒《や》けたとみるとその年《とし》は大吉事《だいきちじ》

夢ヲ判断シテ男女ノ別ヲ知ル。

がある。

一〇、男《をとこ》が馬《うま》に苦《くる》しめられた夢《ゆめ》をみると女《をんな》の子《こ》、女《をんな》が牛《うし》に苦《くる》しめられた夢《ゆめ》をみると男《をとこ》の子《こ》が産《うま》れる。

一一、僧侶《そうりよ》に逢《あ》つた夢《ゆめ》は膝《ひざ》を毀《こわ》す前兆《ぜんてう》。

一二、爪《つめ》を切《き》つた夢《ゆめ》はその翌日《よくじつ》恐《おそろ》しい目《め》に逢《あ》ふ。

一三、餅《もち》を食《く》つた夢《ゆめ》は風邪《ふうじや》に罹《かゝ》る。

一四、屍《しかばね》の夢《ゆめ》をみると餅《もち》を食《く》ふ兆《きざし》。

一五、魚類《ぎよるゐ》の夢《ゆめ》はその年農作物《のうさくぶつ》上出來《ぜうでき》の前兆《ぜんてう》。

一六、麻《あさ》の畑《はたけ》に入《はい》つた夢《ゆめ》をみると親族《しんぞく》と衝突《せうとつ》する。

一七、沐浴《もくよく》した夢《ゆめ》をみると酒《さけ》を得《う》る。

一八、三度《みたび》火事《くわじ》に逢《あ》つた夢《ゆめ》は金《かね》を儲《まう》かる。

一九、船頭《せんどう》の家《いへ》に泊《とま》つた夢《ゆめ》は大凶事《だいけうこ》で自分《じぶん》が若《も》し病氣《べうき》であつたら危《き》篤《とく》に陷《おちい》る。親族間《しんぞくかん》に病人《べうにん》あつたらその人《ひと》は死《し》ぬ。

二〇、夢《ゆめ》に白衣《はくい》を纏《まと》ふて居《を》るとみると其《そ》の父母《ふぼ》に不幸《ふかう》がある。

二一、惡《わる》い夢《ゆめ》をみたときは壁《かべ》に「昨夜凶夢壁書大吉」と書《か》き附《つ》けると其災難《そのさいなん》を免《まぬ》かる。

# 人躰

一、手《て》の掌《ひら》に王字《わうじ》形《がた》がある人《ひと》は將來《せうらい》人君《じんくん》となる人材《じんさい》であるといふ

二、手《て》の掌《ひら》に井《ゐ》の字《じ》の紋章《もんせう》ある人《ひと》は金持《かねも》ちになる。

三、掌《てのひら》の皺《しわ》をみると子供《こども》が幾人《いくにん》生《うま》れるかが分《わか》る。

四、父母《ふぼ》の死骸《しがい》を埋《う》めるとき麻縄《あさなわ》がその穴《あな》の中《なか》に入《はい》ると其子孫《そのしそん》の髮《かみ》の毛《け》が白《しろ》くなる。

五、髮《かみ》の毛《か》が他人《たにん》の髮《かみ》の毛《け》と譯《わけ》もなく混《ま》じるとろの人々《ひと〲》は死後《しご》冥《めい》土《ど》で喧嘩《けんくわ》をする。

六、日暮《ひぐれ》に顔《かほ》を洗《あら》ふ人《ひと》は必《かな》らず痘面《あばたづら》の女《をんな》を娶《めと》る。

七、頭《あたま》の大《おほ》きな人《ひと》は將軍《せうぐん》になる。

八、耳《みゝ》の厚《あつ》い者《もの》は金滿家《きんまんか》になる。

一〇、眉毛《まゆげ》の長《なが》い人《ひと》は長生《ながいき》する。

一一、上脣《うわくちびる》の長《なが》い人《ひと》は長生《ながいき》する。

一二、女《をんな》の脣《くちびる》の青《あを》く又《また》紫色《むらさきいろ》の人《ひと》は早《はや》く寡婦《くわふ》になる。

一三、女《をんな》の皮膚《ひふ》の堅《かた》い人《ひと》は寡婦《くわふ》になる。

一四、指先《ゆびさき》の爪《つめ》の光《ひか》つて居《ゐ》る人《ひと》は才子《さいし》だ。

一五、爪《つめ》に白點《はくてん》ある人《ひと》は官《くわん》から給料《きふれう》を貰《もら》ふ。

一六、食後直《しよくごたゞ》ちに眞瓜《まくわ》を切りて食《た》べると禍《わざはひ》がある。

一七、頭《あたま》の狹《せま》い人《ひと》は貧乏人《びんばふにん》になる。

一八、耳《みゝ》が顏《かほ》の色《いろ》より白《しろ》い人《ひと》は出世《しゆつせ》する。

一九、眼《まなこ》の小《ちい》さい人《ひと》は憶病《おくべう》でなく、大《おほ》きい人《ひと》は憶病《おくべう》である。

二〇、常《つね》に手《て》ばかり眺《なが》めて居《ゐ》る人《ひと》は夭死《わかじに》する。

註《ちう》、以上骨相學上《いじやうこつさうがくじやう》では眞理《しんり》ならんと思《おも》ふ所《ところ》も大《おほい》にあり。

二一、掌《てのひら》の皺《しわ》が整然《せいぜん》と規則正《きそくたゞ》しい人《ひと》は貴人《きじん》になる。

二二、子供《こども》の齒《は》が上顎《じやうがく》から先《さき》に出《で》ると其子《そのこ》は短命《たんめい》だ。

二三、子供《こども》の足《あし》の拇指《おやゆび》が長《なが》いと母親《はゝおや》が先《さき》に死《し》ぬ、短《みぢか》いと父親《ちゝおや》が先《さき》きに死《し》ぬ。

二四、爪《つめ》を切《き》つて火《ひ》に入《い》れると氣違《きちがひ》の子《こ》を産《う》む。

二五、額《したひ》が廣《ひろ》く手《て》が長《なが》い人《ひと》は貴人《きじん》となる肖《そう》。

## 墓地

一、先祖《せんぞ》を地《ち》形《けい》山《さん》勢《せい》の佳《か》美《び》なる所《ところ》に葬《はふむ》ると其《そ》の子《し》孫《そん》は繁《はん》生《ぜう》すること疑《うたがひ》ない

註《ちう》 この迷《めい》信《しん》は鮮《せん》人《じん》の脳《のう》裡《り》には深《ふか》く銘《めい》刻《こく》せられて居《を》るものなり

先《せん》年《ねん》或《ある》道《だう》の長《てう》官《くわん》が「

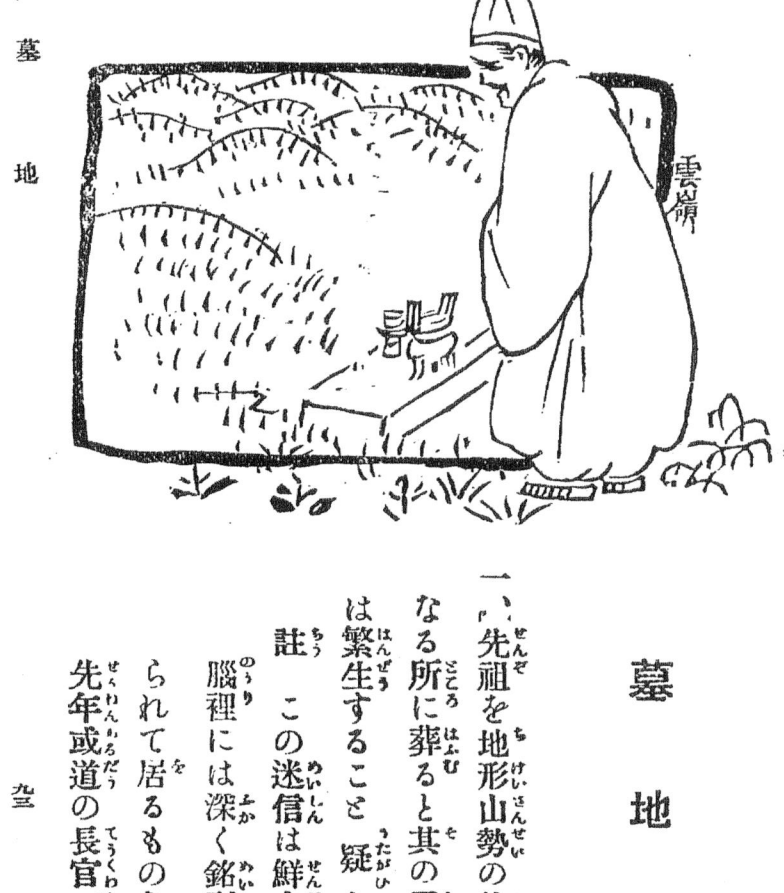

朝鮮《てうせん》の墓地《ぼち》は徒《いたづ》らに面積《めんせき》のみ廣《ひろ》く取《こ》つて仕方《しかた》がないこんなにして往《い》つたら數年《すうねん》ならずして墓地《ぼち》ばかりになる共同墓地《けうどうぼち》を選定《せんてい》して必《かな》らずそこに葬《はうむ》る樣《やう》にせよ」と訓示《くんし》したる所頑《ところぐわん》冥《めい》の鮮人《せんじん》は今回《こんくわい》の長官は吾《われ》らの子孫《しそん》を絶《た》やさん爲《た》めに赴任《ふにん》したるものなりとその反感《はんかん》を買《か》ひ遂《つひ》に他《た》に轉任《てんにん》するの止《や》むなきに至《いた》りしと聞《き》く。

先祖ヲ名山ニ葬ムレバ子孫

二、先祖《せんぞ》を陰陽《いんやう》の山脈《さんみやく》が會合《くわいがふ》する所《ところ》に葬《はふむ》ると富貴《ふうき》自然《しぜん》に湧出《いうしゆつ》するか如《ごと》くなる。

三、墓地《ぼち》を左方青龍《さほうせいりう》右方白虎《うはうはくこ》の地《ち》に定《さだ》めて葬《はふむ》ると子孫《しそん》は必《かな》らず青雲《せいうん》に登《のぼ》る。

官吏トナルト云フヨリ往時ニ於テ孔子廟或ハ關羽廟内ニ暗葬シタルモノナリ、而シテ其境内ニ葬レバ重キ刑罰ニ處セラルヽモノナリシモ尚ホソレヲモ恐レザリキ

註《ちう》 これらの地《ち》を觀定《みさだ》めるには地官《ちくわん》なるものありて之《これ》を定《さた》む又《また》地官《ちくわん》ならさるものも老人《らうじん》なとは生前《せいぜん》より自分《じぶん》の墓地《はち》を觀《み》定《さだ》むる可《べ》く探《さ》かし廻《まわ》るものあり、普通《ふつう》の條件《でうけん》としては跪座《きざ》し居《ゐ》ても猶《なほ》四方《はう》の山《やま》三つ以上《いぜう》みえ得《う》る所《ところ》をよしとす故《ゆゑ》に京城《けいぜつ》などの附近《ふきん》には最早《もはや》之《こ》れらに適合《てきがふ》する所至《ところいた》つて少《すくな》く京《けい》城《ぜつ》を距《さ》る十里《り》二十里位《りくらゐ》の遠地《ゑんち》に葬《はうむ》ること決《けつ》して珍《めづ》らしからず而《しか》して田舍《ゐなか》などを旅行《りよかう》して松林繁茂《せうりんはんも》しかゝる所《ところ》に別莊《べつさう》を構《かま》へなばと思《おも》はれる所《ところ》は多《おほ》く墓地《はち》なり、鮮人《せんじん》は燃料《ねんれう》のため殆《ほと》んと山《やま》を剝《は》き取《と》らんとするまでなるに墓地《はち》には樹木繁茂《じゆもくはんも》するは昔《むかし》より政府《せいふ》も之《これ》を認《みと》め墓地《はち》を荒《あ》らす者《もの》を嚴罰《げんばつ》に處《しよ》せし

重病、災難アレバ必ラズ先祖祟ナリト信ス。

故《ゆゑ》なり。

四、子孫《しそん》に何《なに》か不幸《ふかう》があるか或《あるひ》は病氣《べうき》など續出《ぞくしゆつ》するときは何《なに》か先《せん》祖《ぞ》の祟《たゝり》をうけ居《を》るものとし直《たゞ》ちに墓《はか》を他《た》の所《ところ》に移《うつ》す、若《も》しろの先祖《せんぞ》の骨《ほね》が黄色《きいろ》となつたり骨《ほね》か毀《こわ》れたりして居《を》ると即《すなは》ちその爲めなりとして之《これ》を元《もと》の通《とほり》に縫合《ぬひあは》せねばならぬ。

註《ちう》故《ゆゑ》にその骨《ほね》を續《つゞ》き合《あは》せる專門《せんもん》の技術者《ぎじゆつしや》まで居《を》れり骨黄色《ほねきいろ》に變色《へんしよく》するか蟲《むし》など出來《でき》居《を》れば非常《ひぜう》に恐《おそ》れ、子孫《しそん》の滅亡《めつぱう》近《ちか》きにありと悲嘆《ひたん》するものなり。

五、葬式《さうしき》の時棺《ときくわん》の中《なか》に錢《ぜに》を入《い》れて置《お》くと閻魔《ゑんま》大王《たいわう》から歡待《くわんたい》せられる。

註《ちう》　地獄《ぢごく》の沙汰《さた》も金次第《かねしだい》の意《い》か。

六、隣《となり》に葬式《さうしき》あるとき縫物《ぬひもの》をするとその人の後生《ごせう》に罰《ばち》が當《あた》る。

七、死人《しにん》のあつた家《いへ》に入《はい》るのは不幸《ふかう》であるされど月《つき》が變《かは》ればよい例《たと》へは五月《げつ》二十五六日頃《にちころ》死人《しにん》あつても六月《げつ》になればよい。

八、先祖《せんぞ》の墓地《はち》に白《しろ》い石《いし》があると其《そ》の子孫《しそん》の髪《かみ》の毛《け》が白《しろ》くなる。

# 神佛

神佛

一、土主《ごしゆ》には春秋《しゆんしう》二季《き》餅《もち》や果物《くわし》を供《そな》へて祭祀《まつり》をしないと禍《わざはひ》を受《う》ける。

註《ちう》　土主《ごしゆ》とは家《いへ》の護神《ごしん》とも或《あるひ》は屋敷《やしき》の守護神《しゆごしん》ともいふべきものなり、家《いへ》など新築《しんちく》したるときはその家《いへ》の後方《こうはう》に小《ちい》さき素《す》燒《やき》の壺《つぼ》の內《うち》に新穀《しんこく》少量《せうれう》づゝを入《い》れ上《うへ》より藁《わら》を以《もつ》て覆《おほ》ふ春秋《しゆんしう》二回《くわい》のみならず毎月《まいげつ》之《これ》を行《おこな》ふ所《ところ》あり殊《こと》に家內《かない》に病《べう》氣《き》や他《た》の不吉《ふきつ》の事《こと》ありたるときは毎度《まいど》之《これ》を行《おこな》ふものとす。

二、安宅《あんたく》には酒肴《しゆかう》を拵《こしら》へて一家《か》の安寧《あんねい》を祈《いの》る。

註、內地《ないち》の氏神祭《うじがみさい》と似《に》たるも

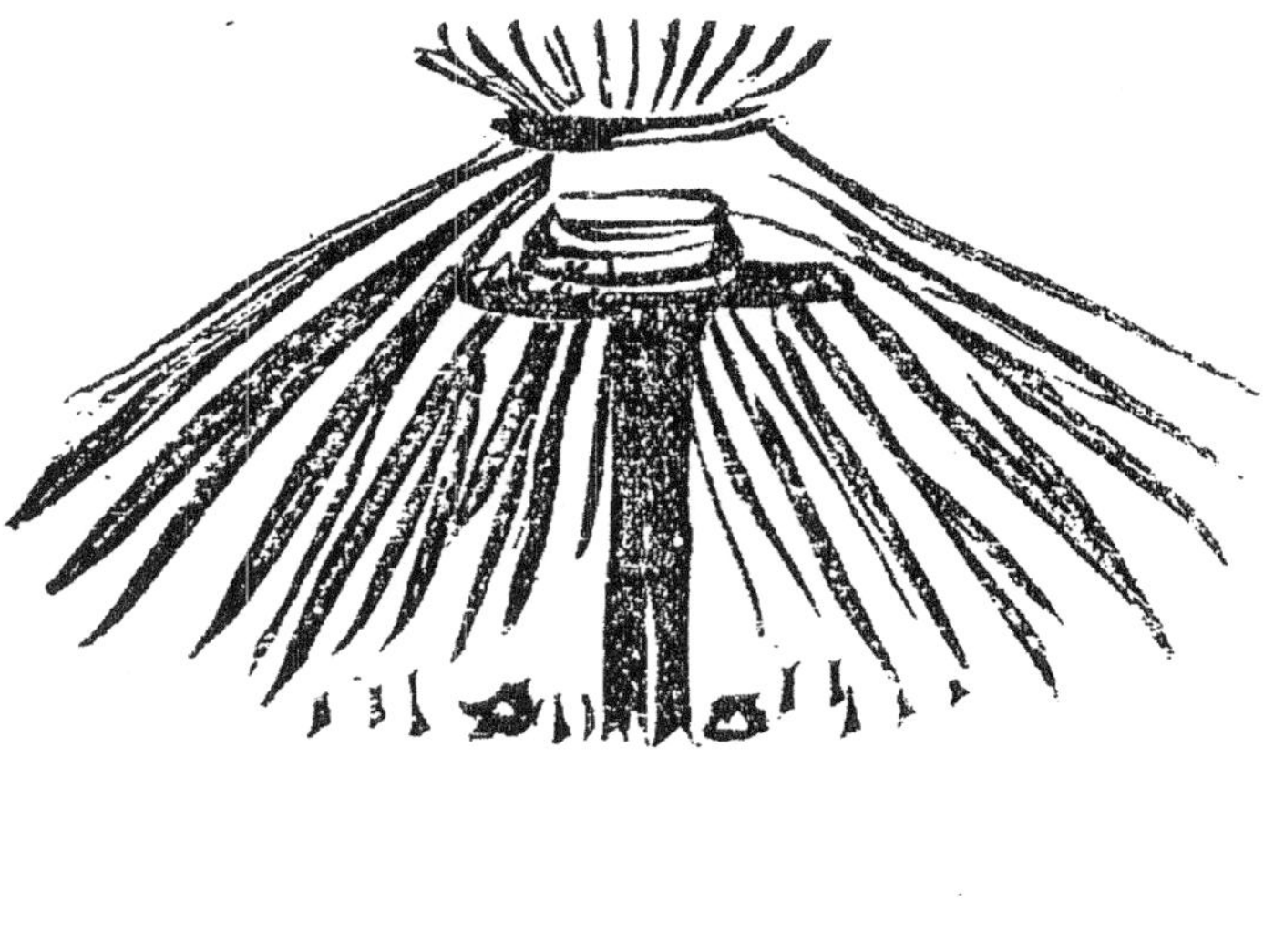

一〇〇

神ヲ祀ルハ其恩恵ヲ謝スルニアラズシテ其ノ崇ヲ恐ル、故ナリ。

のなり、一年中最も《ねんちうもつと》暇《ひま》ある日《ひ》を撰《えら》び行《おこな》ふものとす、この時《とき》に當《あた》りては多《おほ》く鐘《かね》、太鼓《たいこ》などの鳴物《なりもの》を鳴《な》らすものなり、恰《あだか》も狩獵期《しゆれふき》に際《さい》し田舍《ゐなか》に鐘《かね》などならして騒《さわ》き居《な》るはこの祭典《さいてん》を行《おこな》ふものなり、是《これ》この當時《たうじ》は比較的農家《ひかくてきのうか》に仕事《しごと》なく又食《またしよく》物《もつ》も豊富《ほうふ》なる時期《じき》なればなり

三、大監《たいかん》を祀《まつ》らないと 禍《わざはひ》を受《う》け、家《いへ》の釜《かま》がなくなつたり、その蓋《ふた》を竈《かまど》の内部《ないぶ》に押《お》し陰《かく》すなどの悪戯《あくぎ》をもなす。

註《ちう》、大監《たいかん》(대감)は家《いへ》の内《うち》に居《を》る神《かみ》なり。されど別《べつ》に神棚《かみだな》などの設《まうけ》あるにあらず多《おほ》くは北方《ほくはう》か或《あるひ》は陰鬱《ゐんうつ》なる所《ところ》に潜《ひそ》み居《を》るものとす。

朝鮮《てうせん》にて神《かみ》といふは善《ぜん》に組《くみ》し悪《あく》を懲《こ》らし給《たま》ふにはあらずして亂神《らんしん》或《あるひ》は鬼神《きじん》ともいふ可《べ》きなり、故《ゆゑ》に之《これ》を祀《まつ》らざれば祟《たゝり》を受《う》くるものとす。京城本願寺《けいぜうほんぐわんじ》にありて永《なが》らく布教《ふけう》に従事《じうじ》せられし或僧侶《あるそうりよ》の話《はなし》に朝鮮人《てうせんじん》は佛《ほとけ》は慈悲《じひ》深《ふか》き神《かみ》なり、御助《おたすけ》を乞《こ》ふ可《べ》き御方《おんかた》なり御救《おすく》ひ遊《あそ》ばさる神《かみ》なりと説《と》き聞《き》かせるよりも佛《ほとけ》は之《これ》を信《しん》じ奉《たてまつ》らざればその御崇《おんたゝ》り或《あるひ》は御罰《おんばつ》を蒙《かうむ》るものなりと解《と》き聞《き》かす方《はう》其《その》効用《かうよう》偉《ゐ》大《たい》なりと以《もつ》て彼《かれ》らの神《しん》

張亟トモイフ。

鮮音ニテ張ト將ハ同音ナル故張神トモ將神トモ書ク。

佛觀《ぶつくわん》を察《さつ》すべし。

四、天《てん》には玉皇上帝《ぎよくわうぜうてい》が居《な》る、惡事《あくじ》をした人《ひと》には禍《わざはひ》を與《あた》へ善事《ぜんじ》をした人《ひと》には幸福《かうふく》を與《あた》へるともいふ。

五、海《うみ》の底《そこ》には龍神《りうじん》が居《な》る。

六、天下大將軍《てんかだいせうぐん》。地下女將軍《ちかぢよせうぐん》は一村《そん》の守護神《しゆごしん》である、傳染病流行《でんせんびやうりうかう》の時はこの神《かみ》があつて之《これ》を防《ふせ》ぐ。又農作物《またのうさくぶつ》の神樣《かみさま》でもある、故《ゆゑ》に豐年《ほうねん》の時《とき》は豐年祭《ほうねんまつり》をせねばならぬ。

註《ちう》 大將軍《だいせうぐん》は諺文《おんもん》にて장승と書《か》きたるものの直譯《ちよくやく》すれば長星《てうせい》とか將星《せうせい》とかいふ可《べ》きであるが俗《ぞく》に將軍《せうぐん》といふ人《ひと》が多《おほ》き故《ゆゑ》將軍《ぐん》となりたるものなり。

地下女將軍
天下大將軍

奸惡ナル商人豐年祭ヲ惡用ス。

田舍《ゐなか》の村《むら》(洞《ごう》)の入口《いりくち》に木《き》の丸太《まるた》をそのまゝ刻《けず》りて最《もつと》も粗雜《そざつ》に人《ひと》の面部《めんぶ》を彫《きざ》み紅《べに》ガラなどにて彩《いろど》りたるものあるは即《すなは》ち大將軍《たいせうぐん》なり。田舍《ゐなか》を旅行《りよかう》して「行郡守善政不忘碑」などと見《み》逃《のが》す可《べ》からざる路傍《ろはう》の立物《たてもの》なり。又《また》この大將軍《たいしやうぐん》に向《むか》つて豐《ほう》年祭《ねんまつり》をなす風俗《ふうぞく》あり、今《いま》は却《かへ》つて惡用《あくよう》せらるゝものなり。出來《でき》秋《あき》に至《いた》れば鐘《かね》、太鼓《たいこ》をならし、旗幟《きしき》を立《た》てゝ各村《かくそん》をねり囃《はや》し歩《ある》くものなり、而《しか》して各村《かくそん》に於《おい》てその人々《ひとびと》らに出來《でき》秋《あき》の穀類《こくるゐ》を給《きふ》するを常《つね》とす。

之《これ》を行《おこな》ふは商人《せうにん》とす、商人《せうにん》も仲買商人《なかがひせうにん》なり、朝鮮《てうせん》の商人《せうにん》は先《ま》づ或村《あるむら》の市日《いちび》に行《ゆ》き各農夫《かくのうふ》より持《も》ち來《きた》る草鞋《わらんじ》、木綿織物《もめんをりもの》或《あるひ》は農産物《のうさんぶつ》などを買入《かひい》るゝものなり、故《ゆゑ》にそれらの仲買人《なかがひにん》は一種《しゆ》の問屋《とひや》なり顧客《こきやく》なり、故《ゆゑ》に若《も》しこれら仲買人《なかがひにん》の祭典《さいてん》隊《たい》或村《あるむら》に入《い》らむか大《おほ》いに歡待《くわんたい》し出來《でき》得《う》る丈《だけ》多《おほ》くの布施《ふせ》を與《あた》ふるものとす、若《も》し量少《れうすく》なきかその村《むら》の市日《いちび》に於《お》ては大《おほ》いに品物《しなもの》の價《あたひ》を下《さ》け同盟《どうめい》して或《あるひ》は之《これ》を買《か》はざることあり、而《しか》して田舎《ゐなか》の者《もの》は比較的《ひかくてき》朴直《ぼくちよく》なるを以《もつ》て之《これ》に對向《たいかう》する術數《じゆつすう》なく大損害《だいそんがい》を招《まね》くことあり。故《ゆゑ》にこの祭典隊《さいてんたい》には敬遠主義《けいゑんしゆぎ》を取《と》り居《を》れり、而《しか》して仲買人《なかがひにん》の方《はう》にてはこの豐年祭《ほうねんまつり》を非常《ひぜう》に樂《たの》み居《を》るなり、よし豐年《ほうねん》ならざる年《とし》なりとも矢張《やは》り豐年《ほうねん》とし名《な》は神《かみ》に感謝《かんしや》すと稱《せう》し實《じつ》は私腹《しふく》を肥《こや》さんとするもの少《すくな》からず近頃《ちかごろ》に至《いた》りてはその村《むら》に入《い》りて酒《さけ》を呼《よ》ひ、肴《さかな》を取《と》りて頗《すこぶ》る村民《そんみん》の損害《そんがい》を與《あた》ふることありと。

市日《いちび》は各村《かくそん》に日《ひ》を定《さだ》め甲《かふ》の村《むら》は一五三の日《ひ》、乙《おつ》の村《むら》は二六八の日《ひ》と豫《あらかじ》め定《さだ》まり居《を》るものなり。

七、總《すべ》て病氣《べうき》があるのは神《かみ》が與《あた》へるものである、故《ゆゑ》に病氣《べうき》にかゝれば鉦鍾《かね》をならして之《これ》を神《かみ》に祈《いの》る。

註《ちう》　朝鮮語《てうせんご》にては病氣にかゝることを病《べうき》が入《はい》りたりといふ。

八、關羽《くわんう》は國《くに》の危險《きけん》を救《すく》ふ神《かみ》である。又病氣《またべうき》、出産《しゆつさん》、子孫《しそん》の繁榮《はんえい》の願《ねがひ》をも聽《き》く。

註《ちう》：南廟《なんべう》、東廟《とうべう》として京城《けいぜう》に祀《まつ》りあり。

往時ニ於テ寺院逆待ノ結果遂ニ愚夫愚妹ノ迷信製造所或ハ一種ノ遊興所ト化シヌ

九、子《こ》のない女《をんな》は佛《ほとけ》に祈願《きぐわん》をこむるぞ吃度《きつと》子供《こども》が生《うま》れる。

註《ちう》　寺《てら》は多《おほ》く京城門外《けいぜうもんぐわい》人里離《ひとざとはな》れたる山間《さんかん》にあり、高麗朝《こまてう》に於《おい》ては佛教盛《ぶつけうさか》にして李朝《りてう》に於《おい》ては殆《ほと》んど癈寺《はいじ》と同等《どうとう》の姿《すがた》なりし事歴史《これきし》の示《しめ》す所《ところ》なり。されば十四五年前《ねんぜん》までは僧侶《そうりよ》の京《けい》城市内《ぜうしない》に入《い》るを禁《きん》じ居《ゐ》たり、佛教《ぶつけう》は苟《いや》しくも儒生兩班《じゆせうやんばん》などの信《しん》ずべきものにあらずと大《おほ》いに輕蔑視《けいべつし》居《ゐ》たり、かく信徒《しんと》なき寺院《じゐん》の僧侶《そうりよ》らは何《なに》によりてか生計《せいけい》を營《いとな》む可《べ》き、幸《さいはひ》にも寺院《じゐん》のある所《ところ》は松樹繁茂《せうじゆはんも》して景色《けいしよく》の佳《か》なる所多《ところおほ》し、故《ゆゑ》に佛《ぶつ》教《けう》を信《しん》するに非《あ》らず風景《ふうけい》を賞《せう》せんとして杖《つゑ》を引《ひ》く佳人多《かじんおほ》し而《しか》してその寺《てら》は最初《さいしよ》は休憩所位《きうけいじよくらゐ》のものなりしも後《のち》には料理《れうり》屋《や》、或《あるひ》は待合所《まちあひじよ》の格《かく》となり寺《てら》に遊《あそ》び酒《さけ》を飲《の》み歌《うた》を謡《うた》ひ婦女《ふぢよ》子《し》に戯《たわむ》る事《こと》不思議《ふしぎ》の事《こと》にあらさる事《こと》となれり、京城《けいぜう》にて「寺《てら》に往《ゆ》く」といふ事《こと》は内地《ないち》にて「料理屋《れうりや》に往《ゆ》く」といふと同等《どうとう》の意味《いみ》となりしなり、今《いま》ころ明月館《めいげつくわん》、恵泉館《けいせんくわん》などの有名《いうめい》なる朝鮮料理屋《てうせんれうりや》あれど昔《むかし》はかの様《やう》に大《だい》なる料理屋《れうりや》はなかりしが如《ごと》し、即《すなは》ち妓生《きいさん》を伴《ともな》ひ山遊《やまあそ》びをなす。山《やま》は即《すなは》ち寺《てら》なり、故《ゆゑ》に大抵《たいてい》の寺院《じゐん》ならば百人《にん》や二百人位《にんぐらゐ》の食事《しよくじ》を供《けう》する設備《せつび》あるなり、かゝるを以《もつ》て賣春婦《ばいしゆんふ》の如《ごと》きも名《な》は寺詣《てらまうで》にかりてその實《じつ》は醜利《しうり》を占《し》めんとの事《こと》なり、遂《つゐ》には良家《れうか》の婦女《ふぢよ》もこの群《かれ》に投《とう》じ稀《まれ》に孕《はら》むものあればこれ佛《ほとけ》の御利樂《ごりやく》ありしもの

鬼神八号

となしこれを他《た》に吹聴《ふいてう》す、其の佛《ほとけ》に祈願《きぐわん》をこむる有樣《ありさま》は薄《うす》暗《くら》き佛間《ぶつま》に男女《だんぢよ》相集《あひあつ》まりて數時間《すうじかん》祈《いの》りを上《あ》ぐるなり、その間《あひだ》に於《おい》て如何《いか》なる不可思議《ふかしぎ》の演《ねん》ぜらるるをも知《し》るべからず故《ゆゑ》に朝鮮《てうせん》にては寺《てら》に詣《まう》づる事《こと》は匹夫賤女《ひつぷせんぢよ》の信《しん》ずるものにして良《れう》家《か》の子女《しぢよ》の信《しん》ずべきものにあらずとなせり、先年朝鮮人《せんねんてうせんじん》の内地觀光團《ないちくわんくわうだん》を伴《ともな》ひ京都《けうと》あたりの寺院《じゐん》を觀光《くわんくわう》せし事《こと》あり團員《だんゐん》曰《いは》く日本《にほん》は文明國《ぶんめいこく》と聞《き》きたるに迷信《めいしん》の極《きよく》なる佛教《ぶつけう》を信《しん》する者《もの》かくの如《ごと》きは實《じつ》に驚《おどろ》き入《い》るの外《ほか》なし殊《こと》に市内《しない》に大寺院《だいじゐん》などのある最《もつと》も奇《き》とすべしといひしを聞《き》きし事《こと》あり。

一〇、鬼神《きじん》の足《あし》は一足《そく》である。

독각이（トツカギイ）即チ（獨脚）或ハ독개비（トツクケピー）ト云フ。



註《ちう》　독개비といふは子供《こども》などは最《もつと》も恐《おそ》るものなり、陰幽《あんいう》なる所《ところ》を好《この》むものとす、柳《やなぎ》など新緑《しんりよく》深《ふか》く茂《しげ》りて陰暗《かげくら》き所《ところ》には독개비即《すなは》ち化物《ばけもの》ありとして恐《おそ》る、内地《ないち》にては化物《ばけもの》は多《おほ》く白《しろ》きものなるも朝鮮《てうせん》にては黑色《くろいろ》のものとす、曾《か》つて白衣《はくい》の朝鮮《てうせん》友人《いうじん》夜中《やちう》庭園《ていゑん》の桃《もゝ》の茂《しげ》みより何《なん》とも云《い》はず出《い》で來《きた》りたるを以《もつ》て「君《きみ》は恰度《てうど》幽靈《いうれい》のやうだね」と冷笑《れいせう》したるに直《たゞ》ちに答《こた》へて曰《いは》く「イヱ朝鮮《てうせん》にては内地人《ないちじん》の樣《やう》に黑衣《こくい》をきて居《ゐ》ると恰度《てうど》幽靈《いうれい》のやうだといひます」と恰《あだか》も一口噺《くちばなし》の樣《やう》なれど實《じつ》際《さい》なり。

一、新熟《しんじゆく》の食物《しよくもつ》は何物《なにもの》でも神《かみ》に供《そな》へてから食《た》べないと神《かみ》の怒《いかり》に觸《ふ》

鮮人ハ吉多ク凶少ナカレト祈ル・必ラズ多少ノ凶アルモノト信セリ。

れる。

註　神《かみ》を敬《うやま》ふは其恩恵《そのおんけい》を謝《しや》するに非《あら》ずして其祟《そのたゝり》を恐《おそ》るゝものなる事《こと》はどこにも現《あら》はる。

三、病氣《べうき》は祈禱《きたう》すると必度全快《きつさぜんくわい》すると信《しん》じて居《を》る。

三、城隍堂《ぜうくわうだう》に供《そな》へてある明太魚《めんたいぎよ》を食《た》べると最大幸福《さいだいかうふく》を得《う》る。

註　城隍堂《ぜうくわうだう》は又聖王堂《またせいわうだう》ともいふ鮮音《せんおん》は선황당《ソンフワンダン》なり、この明太《めんたい》魚《ぎよ》は朝鮮《てうせん》に最《もつ》も有用《いうよう》なる食料品《しよくれうひん》なり、殊《こと》に正月《せうぐわつ》、或《あるひ》は儀式《ぎしき》之《これ》を用《もち》ふる習慣《しふくわん》あり、その供《そな》へたる人歸路《ひときろ》に就《つ》くや否《いな》や直《たゞ》ちに之《これ》を奪《うば》ふものとす、神《かみ》もりの迅速《じんそく》なるに驚かるゝならむ。

城隍堂ニ對スル迷信。

一四、城隍堂《ぜうくわうだう》には旅人《りよじん》は吃度石《きつといし》一つ投《な》げて往《ゆ》くか又《また》は唾《つばき》を吐《は》いて往《ゆ》かないと行先地《ゆきさきち》で不時《ふじ》の災難《さいなん》にかゝる事《こと》がある。(附記參照)

註《ちう》　城隍堂《ぜうくわうだう》とは선황당を記《しる》したるものにして城皇祠《ぜうくわうし》ともいふ可《べ》きものなり、色々《いろいろ》の説《せつ》あり。田舍《ゐなか》を旅行《りよかう》して小石山《こいしやま》をなす所《ところ》紅《あか》、青《あを》、白《しろ》の布片《ぬのきれ》など結《むす》びつけあるもの即《すなは》ちこれなり

一五、城隍堂《ぜうくわうだう》に病人《びやうにん》の襟《えり》の布片《ぬのきれ》を結《むす》んで祈《いの》ると病氣全快《びやうきぜんくわい》する。

註《ちう》　各色《かくいろ》の布片《ぬのきれ》附《ふ》しあるはこれか爲《た》めなり。

一六、城隍堂《ぜうくわうだう》に唾《つばき》をかけないで往《ゆ》くと腹《はら》か減《へ》る。

一七、人《ひと》は帝釋《ていしやく》の陰助《いんじよ》で一家《か》無事《ぶじ》である。

一八、辰《たつ》の日《ひ》に祈禱《きたう》を怠《おこた》ると幼兒《ようじ》に害《がい》がある。

一九、人《ひと》が重《おも》い病氣《べうき》にかゝつたときは藁人形《わらにんげう》を作《つく》つて病人《べうにん》の着物《きもの》を着《き》せその人形《にんげう》の葬式《さうしき》を行《おこな》ふ。その人形《にんげう》の前《まへ》か或《あるひ》は善《よ》き方向《はうかう》を選《えら》んで粟飯《あわめし》を炊《た》いて之《これ》を道傍《みちばた》に棄《す》てる又白菜《またしらな》の御飯《ごはん》や小豆《あづき》の御飯《ごはん》或《あるひ》は餅《もち》などを供《そな》へて神《かみ》に祈《いの》りその後《ご》は之《これ》をも亦道《またみち》の側《かたわら》に棄《す》てるのである。かうすると病氣《べうき》が全快《ぜんくわい》する、若《も》しその御飯《ごはん》などかあつたら成可《なるべ》く見《み》ない様《やう》にするがよい、それを觀《み》るとその人《ひと》も亦《また》病氣《べうき》にかゝるといふ。しかしながら是非《ぜひ》ともその粟《あわ》の飯《めし》などをみなければならぬときは左《ひだり》の足《あし》を擧《あ》げて二度《ご》足踏《あしぶみ》をしながら唾《つはき》を三遍《べん》吐《は》くとその禍《わざはひ》を逸《まぬ》かれる。

二〇、旋風《つむじかぜ》は鬼神《きしん》の所爲《しよゐ》である。

鬼神ハ之ヲ敬シテ遠ケ或ハ攘シテ之ヲ退ケノ主義デアル。

日本内地狐附患者ト私鬼患者トハ心理學上ヨリ同等ナラン。

二、家《いへ》には家《いへ》の守護神《しゆごしん》土地《こち》には土地《ごち》の守護神《しゆごしん》が居《を》るから何《なに》か供物《くぶつ》をしないとその神《かみ》の祟《たゝり》を受《う》ける。

三、子《こ》を産《う》んだなら直《す》ぐに白飯《はくはん》と藿羹《わかゆじる》とを神《かみ》に供《そな》へて祈禱《きたう》をしないと神《かみ》の祟《たゝり》を受《う》ける。

三、氣狂《きちがひ》になつたものは私鬼《しき》がその人《ひと》の精神《せいしん》に入《はい》つたものである私鬼《しき》の病氣《べうき》には醫藥《いやく》は不必要《ふひつえう》である、盲者《まうじや》が直《なほ》す。私鬼避《しきよ》けの祈禱《きたう》をするとよい。

註《ちう》　私鬼避《しきよ》けの方法《はうはふ》は病人《べうにん》を盲者《まうしや》の前《まへ》に置《お》き盲者壯嚴《まうしやさうごん》なる体《たい》度《ご》にて讀經《やくけう》す「曰《いは》く私鬼《しき》よ、汝《なんぢ》は何所《いづこ》のものぞ、早《はや》く去《さ》れ去《さ》らされば汝《なんぢ》を嚴罰《げんばつ》に處せん」といひつゝ「如意《によい》」の如《ごと》きものを打振《うちふ》り〳〵振《ふ》り廻《まわ》す、而《しか》して或時間《あるじかん》を見計《みはか》らひ、早《は》やいや私鬼《しき》こゝに出《い》で來《きた》れり、出《い》て來《きた》れりと呉《く》り返《かへ》し〳〵、いやその方《はう》へ逃《に》げたり、こちらへ來《きた》れりと、怒《いか》り罵《のゝし》り、猛《たけ》り狂《くる》ふが如《ごと》く、如意《によい》にて追《お》ひ廻《ま》はす有樣《ありさま》をなす。私鬼《しき》遂《つひ》に逃《に》げ場《は》に窮《きう》して疲《つか》れたりとみれば、机上《きぜう》に供《そな》へある細《ほそ》き瓶《びん》を差《さ》し、私鬼《しき》はこの瓶《びん》に入《い》れりと聲高《こゑたか》らかに呼《よ》はれば、不思議《ふしぎ》やこれまでの空瓶《あきびん》は動《うご》き出《だ》して、室内《しつない》を又《また》しても馳《か》け步《ある》く時分《じぶん》を觀定《みさだ》めてその瓶《びん》の口《くち》に手早《てはや》く栓《せん》をなし、之《これ》を數十尺《すうしやく》堀《ほ》り置《お》きたる地中《ちちう》に埋《うづ》む、かくしたる後狂氣《のちけうき》の人《ひと》は忽《たちま》ち拭《ぬぐ》ふが如《ごと》く病氣平癒《べうきへいゆ》するものなりと。

二四、二月《げつ》一日《にち》風《かぜ》の神《かみ》を祭《まつ》ると一年中《ねんぢう》の災難《さいなん》をその風《かぜ》の神《かみ》が吹《ふ》き拂《は》らひ福《ふく》を得《う》る。

二五、化物《はけもの》(도깨비《トッケビ》)或《あるひ》は鬼神《きじん》は何物《なにもの》でも物《もの》に人《ひと》の血《ち》が附《つ》いたものから出來《でき》る、又器物《またきぶつ》でも古《ふる》くて汚《きたな》いか、又《また》は傷《きず》の出來《でき》たものが化物《はけもの》になる。

註、故《ゆゑ》に朝鮮人《てうせんじん》は古《ふる》いものは餘《あま》り喜《よろこ》ばず却《かへ》つて新《あた》らしくて彩色《さいしき》美麗《びれい》なるものを尊《たうと》ぶ、例《たと》へば平壤《へいぜう》の箕子陵《きしれう》などにある石碑《せきひ》或《あるひ》は紀念碑《きねんひ》の如《ここ》きも少《すこ》しく古《ふる》くなれば之《これ》を刻《きざ》みて新《あた》らしくし彩色《さいしき》するものは更《さら》に丹碧《たんぺき》に塗《ぬ》り直《なほ》すなどの事《こと》あり。

又内地《またないち》にて「御妨《おさまた》げになりました」といふ可《べ》き所《ところ》に「お邪魔《じやま》

になりました」といふはこの迷信《めいしん》の意《い》より來《きた》りたる者《もの》にあらざるか識者《しきしや》の御教示《ごけうし》を乞《こ》ふ。

二六、人《ひと》が死《し》ぬとその家《いへ》には鬼神《きじん》が宿《やど》つて居《を》る。
註《ちう》、故《ゆゑ》に巫女《みこ》を呼《よ》んで部屋《へや》の内《うち》にて祈禱《きたう》をなさしむ。

二七、水《みづ》の中《なか》に落《お》ちて死《し》んだ人《ひと》の魂《たましゐ》は水鬼《すゐき》となる、水鬼《すゐき》は金銀《きんぎん》を嫌《きら》ふ、其《そ》れで川《かは》や海《うみ》を渡《わた》るときは金銀《きんぐ》の具《ぐ》を持《も》つて渡《わた》ると其《そ》の害《がい》を免《まぬ》かる。

二八、家《いへ》に三神《しん》を祭《まつ》つて子孫《しそん》のために祈禱《きたう》をすると福壽《ふくじゆ》を得《う》る。
註《ちう》。三神《しん》とは父母《ふぼ》及《およ》び祖母《そぼ》をいふ、昔時《せきじ》朝鮮《てうせん》の開國《かいこく》の祖《そ》といふ檀君人心《だんくんじんしん》を得《え》んとて先《ま》づ自己《じこ》の父母《ふぼ》及祖母《およびそぼ》を祀《まつ》つて神壇《しんだん》

朝鮮ニテハ戸モ窓モ同ジク門ト云フ傾キアリ

を設《まう》けて之《これ》に安置《あんち》したり、因《よ》つて時《とき》の人民檀君《じんみんだんくん》の孝養敬虔《かうようけいけん》の行爲《ぎやうゐ》に感《かん》し人民大《たんみんたはい》に同君《さうきみ》に懷《なつ》けりといふ、今《いま》も三神《しん》を祀《まつ》り子《こ》産《うま》るれば必《かな》らず之《これ》を神《かみ》に告《つ》げて其《そ》の福壽《ふくじゆ》を祈《いの》る。

二九、傳染病《でんせんべう》の神《かみ》は豆《まめ》が大《だい》の嫌《きらひ》である、故《ゆゑ》に冬至《たうじ》の日《ひ》には壁《かべ》や大門《たいもん》（本門《ほんもん》）などに豆《まめ》の粥《かゆ》を塗《ぬ》るとその鬼神《きじん》が逃《に》げて往《ゆ》く。

三〇、婦《ふ》人殊《じんこと》に寡婦《くわふ》などが寃罪《ゑんざい》を受《う》けて死《し》んだものは寃鬼《えんき》となつて郡守《ぐんしゆ》を祟《たゝ》り殺《ころ》す、と云《い》ふ。

註《ちう》、寃鬼《えんき》は郡《ぐん》なれば郡守《ぐんしゆ》、道《だう》なれば觀察使《くわんさつし》（今《いま》の道長官《だうてうくわん》に似《に》たるもの）に祟《たゝ》る、されば昔時《せきじ》寃鬼出現《えんきしゆつげん》の噂《うわさ》あれば直《たゞ》ちに其の郡《ぐん》を去《さ》り其道《そのだう》を退《しりぞ》きし長官《てうくわん》少《すくな》からざりき。

각시《カクシイ》ハ人形トモ云フ子供ノ玩具ニスルモノナルモコヽニテハ鬼神或ハ餓鬼ノ意ナリ。각시ハ又孫閣氏トモ書ク。

三一、夫婦《ふうふ》始《はじ》めて逢《あ》つて天上皇帝《てんぜうくわうてい》の御祀《おまつり》をするとき笑《わら》ふと確度《きつと》女《をんな》の子《こ》が一番初《ばんはじ》めに生《うま》れる。

三二、十六七歳《さい》の年頃《としごろ》になつた女《をんな》の子《こ》が嫁《とつ》かないで死《し》んだらその亡《はう》魂《こん》が각시といふ鬼神《きじん》となつて家人《かじん》に崇《たゝり》をなす。

註《ちう》、朝鮮《てうせん》に於《おい》て早婚《さうこん》の弊《へい》あるは男子《だんし》にて早《はや》く婚姻《こんいん》をなすを一種《しゆ》の誇《ほこ》りとし結婚《けつこん》なさざるものは何時《いつ》までも之《これ》をチョンガーとして輕蔑《けいべつ》する習慣《しふくわん》あるよりなるも女《をんな》の方《はう》には又《また》かゝる迷信《めいしん》あるより一層早婚《そうさうこん》になるものならむ。朝鮮兒童《てうせんじどう》がチョンガー(總角)の時《とき》には敏捷《びんせふ》にして吟唎《れいり》なるも結婚《けつこん》せる未丁《みてい》年者《ねんしや》にして既《すで》に老成《らうせい》し學業《がくげふ》なども著《いちじる》しく劣《おと》るは記者《きしや》も亦《また》實際《じつさい》に目撃《もくげき》せし所《ところ》なり、迷信悪習《めいしんあくしふ》の結果《けつくわ》又《また》恐《おそ》るべし。

三、人《ひと》が溺死《できし》して死体《したい》が分《わか》らぬときは御馳走《ごちそう》を拵《こしら》へて河邊《かはべ》か海邊《うみべ》に供《そな》へ巫女《みこ》が溺《おぼ》れた眞似《まね》をすると屹度《きつと》浮《う》き上《あが》るといふ。

註《ちう》、巫女《みこ》は大抵年若《たいていとしわか》きものなり巫女《みこ》の頭《かしら》などは陸上《りくぜう》にありて頻《しき》りに鳴物《なりもの》を鳴《な》らして援聲《ゑんせい》す、巫女《みこ》は益々祈《ますますいの》りて水中《すゐちう》に投《とう》す、腰《こし》には麻繩《あさなわ》を附《ふ》しあり、餘《あま》り狂的《けつてき》に祈《いの》る結果《けつくわ》却《かへ》つて巫女《みこ》も亦溺水《またできすゐ》することあり。

四、獨脚《どくきやく》(トクケービー)は婦人《ふじん》に謠《ゑん》を強《し》いる、之《これ》に應《おう》すると金持《かねもち》になる應《おう》じないと貧乏人《びんばふにん》になるといふ。

姦通ノ辯解ニ用ヒタルヨリ初マリシニアラザルカ。

# 結婚及出産

一、臍《へそ》の緒《を》を汚《きたな》い所《ところ》に埋《う》めるとその子孫《しそん》は出世《しゆつせ》しない。

二、姙婦《にんぷ》が斧《をの》を枕《まくら》の下《した》に敷《し》いて寝《ね》ると男《をとこ》の子《こ》を生《う》む。

三、四柱《しちう》の合《あ》はい女《をんな》が結婚《けつこん》するとその女《をんな》は夭死《じんし》する。

註、四柱《ちう》とは生《うま》れし時《とき》の年《とし》、月《つき》、

生年月日ト結婚トハ最モ重大ナル關係アリトス

日《ひ》、時《とき》の甲《きのえ》、乙《きのと》、丙《かのえ》、丁《かのと》などなり。これを判断《はんだん》し又《また》定《さだ》むるものは占者《せんしゃ》か又《また》は儒者《じゅしゃ》なり。

昔《むかし》は若《も》し他《た》に嫁《かしず》かむとしてろの四柱合《ちうあ》はざれば路傍《ろはう》の青年《せいねん》を路《みち》に要邀《ようげき》し大《だい》なる袋類《ふくろるゐ》にて無理無体《むりむたい》に包《つゝ》みその女《をんな》と無理《むり》に結婚《けっこん》せしめ翌日又前の如《ごと》くして之《これ》を江河《こうか》などに投《とう》じてその娘《むすめ》の四柱《ちう》を合《あ》はせし事《こと》ありたりと而《しか》してろの日《ひ》は最《もつと》もよき吉日《きちにち》を選《えら》び其《そ》の四柱《ちう》を合《あは》せしなり、今《いま》も田舎《いなか》に於《おい》ては或《あるひ》は行《おこな》はれ居《ゐ》るかも知《し》る可《べ》からず。

四、米屋《こめや》でも農家《のうか》でも産《さん》があつてから一週間《しうかん》は米《こめ》を賣《う》らない、若《も》し米《こめ》を賣《う》ると生《うま》れた子《こ》が出世《しゅつせ》しない。

唐辛ノ時ハ男子松ノ時ハ女子ノ生レタルヲ示ス

五、姙婦《にんぷ》の腹《はら》が非常《ひじやう》に大《おほ》きいときは女《をんな》の子《こ》が生《うま》れる。

六、姙婦《にんぷ》が馬《うま》の糞《ふん》を踏《ふ》み過《す》ぎると十二月《げつ》經《た》たないと子《こ》が生《うま》れない

七、龍《りう》が天《てん》に上《のぼ》るといふ日《ひ》に其龍《そのりう》を認《みと》めた姙婦《にんぷ》は流産《りうざん》する。

八、出産後一週間《しゆつさんごいつしうかん》は他人《たにん》が其部屋《そのへや》に入《はい》つてはいけない殊《こと》に女《をんな》の子《こ》が入《はい》ると大不吉《だいふきつ》である。

註、産《さん》があつた家《いへ》には門《かど》に唐辛《たうがらし》と木炭《すみ》と松《まつ》の枝《えだ》とを繩《なは》に結《むす》びつけ出産《しゆつさん》ありしを知《し》らしむ。

九、結婚《けつこん》の日《ひ》二揖《しう》一揖《しう》の禮《れい》をなすとき神《かみ》の居《ゐ》る方《はう》に居《ゐ》る人《ひと》は必《かなら》ず死《し》ぬといふ。

註、二揖半《しうはん》の次《つぎ》に二揖《しう》し、次《つぎ》に一揖半《しうはん》、次《つぎ》に一揖《しう》と互《たがひ》に禮《れい》を

なすものなり、而《しか》して初《はじ》めは男子《だんし》の方《はう》よりするを禮《れい》とす、若《も》しその神《かみ》の存在《そんざい》はその男女《だんじよ》の四柱《ちう》によりて定《さだ》まるなり、母《はゝ》に宿《やど》り居《ゐ》るとなれば母《はゝ》は決《けつ》してその日《ひ》人目《ひとめ》を避《さ》けて出《い》で來《きた》らずといふ。

一〇、雨天《うてん》に髪《かみ》を洗《あら》ふと結婚日《けつこんび》に雨《あめ》が降《ふ》る。

一一、婚姻《こんいん》の夜《よ》女《おんな》の方《はう》の夢《ゆめ》に雌鷄《めんどり》の夢《ゆめ》をみると其夫《そのおつと》は不具者《ふぐもの》である

一二、誕生日《たんじやうび》に腹《はら》が減《へ》ると貧乏《びんばう》になる。

一三、婿入《むこいり》の日《ひ》に雨《あめ》が降《ふ》つたり雪《ゆき》が降《ふ》つたりするとその婿《むこ》の氣《き》が荒《あ》らく、嫁入《よめいり》の日《ひ》に天氣《てんき》が惡《る》いとその女《をんな》の氣《き》が荒《あ》らい。

一四、誕生日《たんじやうび》に當《あた》る日《び》が「納財《のふさい》」の日《ひ》で而《しか》も四つあつたらその年《とし》には

金《かね》を儲《もう》かる。

註、例《たと》へは「納財《のふさい》」の日《ひ》か一年中《ねんちう》四つある者《もの》なり、一月《げつ》九日《か》に生《うま》れたるもの毎月《まいつき》九日《か》の日《ひ》に納財《のふさい》と暦《れき》にあればろの年金《としがね》を利《り》する意《い》なり。

# 疾
# 病

癩病ハ先祖ノ祟ナリ

疾病

一、癩病《らいびやう》はその先祖《せんぞ》を善《よ》い墓《はか》に葬《はうむ》らなかつたからその先祖《せんぞ》の祟《たゝり》である、

註、故《ゆゑ》にその病氣《びやうき》にかゝれば墓《はか》を他所《よそ》に移《うつ》すか或《あるひ》はその死骸《しかい》

を發《あは》きみるなり、而《しか》して若《も》しもろの骨《ほね》黄色《きいろ》に變《へん》し居《ゐ》るか、或《あるひ》は碎《くだ》け居《を》ればろの骨《ほね》を又元《またもさ》の如《こと》く續《つ》き合《あ》はせるなり、若《も》し蟲《むし》など生《しやつ》じ居《を》ればこれ一家全滅《けぜんめつ》の兆《てふ》なりと悲嘆《ひたん》する事甚《ことはなは》だしくろのため仕事《しごと》なども廢《はい》し遂《つひ》に貧乏《びんぼつ》になるものもあり或《あるひ》は又病氣《またびやうき》にかゝり死《し》するものあり。

二、癩病《らいびやう》は不治《ふじ》の病《やまひ》であるけれども青年《せいねん》の生肝《いきがも》を取《こ》つて服藥《ふくやく》すれば全快《ぜんくわい》するといふ。

註、慶尙南道某郡《けいしようなんだうぼうくん》に盧某《ろぼう》なるもの〻長男某父《ちやうなんぼうちゝ》の使《つかひ》に往《い》く途中《とちう》絲《いと》を附《ふ》したる紙包《かみつゝみ》の金《かね》あれば之《これ》を拾《ひろ》はんとして絲《いと》を傳《つた》ひ山《やま》の手《て》の方《はう》へ入《い》りしに、突然《とぜん》二名《めい》の癩病患者《らいびやうくわんじやあ》躍り出《い》で某《ぼう》を殺《ころ》さんと鋭利《えいり》なる小刀《せうたう》を手《て》にし居《ゐ》たりしも某《ぼう》は聲《こゑ》のあらんかぎり叫《さけ》びたるを以《もつ》て、その所《ところ》を通過中《つうくわちう》の人《ひと》馳《か》けつけたり病人《びやうにん》はその足音《あしおと》をきゝ直《たゞ》ちに跡《あと》を闇《くら》まし遁《に》け往《ゆ》きたりと。

三、瘧疾《ぎやくしつ》に罹《かゝ》つたときは便所《べんじよ》に向《むか》つて辭儀《じぎ》をするとよくなる。(その辭儀《じぎ》は必《かな》らず三度《ど》する)。

四、瘧疾《ぎやくしつ》にかゝつた人《ひと》は男《をとこ》ならば牝牛《めうし》、女《をんな》ならば牡牛《をうし》に接吻《せつぷん》させると直《す》ぐ平癒《へいゆ》する。

五、瘧疾《ぎやくしつ》(학실)にかゝつたときは桃《もゝ》の木《き》で臀部《でんぶ》を擲撻すると直《す》ぐ平癒《へいゆ》する(附迷信物語參照《ふめいしんものがたりさんせう》)。

七、夫婦《ふうふ》の内《うち》一方《はつ》が不治《ふじ》の病《やまひ》にかゝつた時《とき》(肺患《はいくわん》など)には一方《はつ》の

人間ノ生血ハ不治

ノ病ヲ治スモノト信ス

心臓《しんぞう》或《あるひ》は肝《きも》を切《き》り取《と》つて病人《びやうにん》に飲《の》ませると平癒《へいゆ》すると云《い》ふ。

註、この迷信《めいしん》は深《ふか》く刻《きざ》み込《こ》まれたるものなり殊《こと》に貞操《ていさう》の妻《つま》は夫《をつと》の病氣《びやうき》を救《すく》はんとして自殺《じさつ》し、やがて夫死《をつとし》し一家全滅《けぜんめつ》の悲境《ひきやう》に陥《おちゐ》ることあり、記者《きしや》の知己《ちき》の鮮人《せんじん》教師《けうし》の妻《つま》も夫《をつと》肺病《はいべう》にて某醫《ばうゐ》院《いん》に入院《にふゐん》するの止《や》むなきに至《いた》り若《わか》き（當時《たうじ》十九歳《さい》の）妻《つま》は獨《ひと》り家《いへ》にありて心神《しんしん》を惱《なや》まし遂《つひ》に自殺《じさつ》して我肝《わがきも》を夫《をつと》にまひらせ給《たま》へとこの世《よ》を去《さ》りたり、而《し》かも知己《ちき》の教師《けうし》も亦直《またただ》ちにその後《あと》を追《お》ひ一家《け》斷絶《だんぜつ》の悲境《ひきやう》に逢《あ》ひしを知《し》れりその他《た》かゝる類《たぐひ》は日々《ひび》の新紙《しんし》に常《つね》に現《あら》はるる所《ところ》なり

八、毎年大晦日《まいねんおほみそか》に冷水《ひやみづ》で躰《からだ》を拭《ぬぐ》うと翌年病氣《よくねんびやうき》に罹《か》からない。

天然痘ハ神ノ命ズル所ナリ（神人肉ヲ食ハンタメニ）

九、天然痘《てんねんたう》は天然痘《てんねんたう》の神《かみ》が居《を》つて人間《にんげん》の生命《せいめい》を左右《さいう》するのである又《また》生《い》かしても痘痕顔《あはたつら》にするとしないのもろの神《かみ》の自由自在《じゆうじざい》である、

註、故《ゆゑ》に天然痘《でんねんたう》にて死《し》せし人《ひと》あればこれ神《かみ》がその肉《にく》を食《く》はん爲《た》めに死《し》に至《いた》らしめしものなりとし、直《たゞ》ちに葬《はうむ》らず村《むら》の入《いり》口《くち》などの樹木《じゆもく》に呉座樣《ござやう》のものに包《つゝ》みて、之《これ》を樹上《じゆじやう》に吊《つる》し、その肉《にく》腐《くさ》れて骨《ほね》のみ殘《のこ》るに至《いた》りて始《はじ》めて之《これ》を葬《はうむ》るなり、而《しか》して天然痘《てんねんたう》にて死《し》せし者《もの》の死骸《しがい》疊々《るいるい》村落《そんらく》の出入口《でいりぐち》に點々《てんてん》露《ろ》出《しゆつ》して慘憺《さんたん》たる光景《くわうけい》眼《め》も當《あ》てられざる事《こと》ありたり、今《いま》は種《しゆ》痘《たう》の療法《りようはう》にて幸《さいはひ》に之《これ》を脫《の》かる、猶《なほ》本病《ほんびやう》に罹《か》かりて痘痕顔《あはたつら》に

ならざればこれ神《かみ》の惠《めぐみ》なりとし大《おほ》いに悦《よろこ》び多《おほ》くの馳走《ちそう》を供《そな》へて神《かみ》を饗應《きようおう》するなり、若《も》し之《これ》に饗應《きようおう》せざる時《とき》は、尚《な》ほ殘《のこ》り居《ゐ》て他《た》の家人《かじん》にその病氣《びようき》を與《あた》ふるなり。

一〇、天然痘《てんねんたう》に罹《か》からない子供《こども》には十二月蠟平《ぐわつれうへい》の日《ひ》に雀《すゝめ》を燒《や》いて食《た》べさせるとその病《やまひ》を免《まぬ》かる。

一二、惡病《あくびやう》が流行《りうかう》するときは逐鬼文《ついきぶん》を門《もん》に張《は》り、又荊棘《またいばら》を門《もん》に吊《つる》すと鬼神《きじん》が入《い》らない。

一三、未婚《みこん》の男《をとこ》の子《こ》の八九歳位《さいぐらゐ》の小便《せうべん》を飲《の》むと如何《いか》なる病氣《びやうき》も平癒《へいゆ》する。

一四、未婚《みこん》の男《をとこ》の子《こ》の小便《せうべん》で顔《かほ》を洗《あら》ふと顔《かほ》の色《いろ》がよくなる。

註、これらの迷信《めいしん》より昔《むかし》は或尊《あるたうと》き宮中《きうちう》にも態々《わざく》この藥《くすり》を得る爲《た》めに年少者《ねんせうしや》を三四名養《めいやしな》ひ置《お》きたるものなり、而《しか》してその小便《せうべん》を瓶《かめ》などに入《い》れ密閉《みっぺい》して白黴《しろかび》の生《しやう》したるものは之《これ》を人中白《じんちうはく》として唯一《ゆいう》の醫藥《いやく》とせしなり。

又官妓《またくわんぎ》などは今猶《いまなほ》この小便《せうべん》にて顔《かほ》を洗《あら》ふもの少《すく》からずといふ

一五、梅毒《ばいどく》にかゝつたときは死者《ししや》の陰莖《いんけい》を煎《せん》して飲《の》むと全快《ぜんくわい》する（迷信物語《めいしんものがたり》參照《さんせう》）

一六、病氣《びやうき》にかゝつたときは之《これ》を巫女《みこ》に乞《こ》ひて祈禱《きたう》をして貰《もら》ふとよいが、それでもよくならないときは藁人形《わらにんげう》を作《つく》つて病人《びやうにん》の着物《きもの》を着《き》せ。小豆飯《あづきめし》や色々《いろく》の馳走《ちそう》を拵《こし》らへて祈禱《きたう》をすると、病氣平《びやうきへい》癒《ゆ》する、その祭《まつり》をした後《のち》は之《これ》を山《やま》か川《やは》に棄《す》てる、其の着物《きもの》などをみた人《ひと》は又病氣《またびやうき》にかゝる。

**一七、**耶蘇《やそ》教《けう》の神符《しんふ》(門標《もんひやう》?)を焼《や》いて水《みづ》に浸《ひた》して口《くち》に含《ふく》むとどんな病氣《びやうき》でも全快《ぜんくわい》するといふ。

雜

一、手紙《てがみ》を認《したた》めた後《あと》で手《て》でその手紙《てがみ》を叩《たた》くとその手紙《てがみ》を受取《うけと》つた人《ひと》が大變怒《たいへんおこ》る。

二、子供《こども》の始《はじ》めての誕生日《たんじやうび》に書籍《しよせき》を枕《まくら》にさして寢《ね》させるとその子《こ》は大學者《だいがくしや》になる。

三、筆《ふで》を噛《か》む習慣《しふくわん》あるものは智識《ちしき》が進《すゝ》まない。

四、家《いへ》の内《うち》に井戸《ゐど》を掘《ほ》ると其家《そのいへ》の主人《しゆじん》が死《し》ぬ。

註、この迷信《めいしん》ある故《ゆゑ》ならむ朝鮮《てうせん》にては屋敷内《やしきない》には勿論《もちろん》井戸《ゐど》あれど家《いへ》の内《うち》に井戸《ゐど》ある所《ところ》は至《いた》つて少《すくな》し、未《いま》だ記者《きしや》も見《み》ざる所《ところ》なり。

五、男《をとこ》の金入巾着《かねいれきんちやく》に女《をんな》が手《て》を入《い》れると損《そん》することがある、

六、小供《こども》が米《こめ》を弄《もてあそ》ぶと痘痕顔《あばたづら》の女《をんな》を娶《めと》る。

註、教育的《けういくてき》か教訓的《けうくんてき》より來《きた》りたるものならむ。

七、朝《あさ》、歌《うた》を謠《うた》ふと夕方《ゆふがた》には悲《かな》しい事《こと》がある。

註、朝鮮《てうせん》にては歌《うた》を歌《うた》ふことをよき事《こと》とせず、苟《いや》しくも兩班《ヤンバン》なるものは大聲《たいせい》せざるものとし、僅《わづ》かに詩《し》を吟《ぎん》する位《ぐらい》に過《す》ぎず

下《か》等社會《とうしやくわい》に於《おい》ては歌《うた》ふものあり、故《ゆゑ》にその歌《うた》と稱《しやう》するものは多《おほ》く俗《ぞく》の俗《ぞく》なるもの、卑《ひ》俗《ぞく》なるもののみなり。從つて講談的のもの至《いた》つて少數《せうすう》なり。

八、人《ひと》に何《なに》か賴《たの》み事《こと》があつて行《ゆ》く途中《とちう》で、盲者《もうしや》に逢《あ》ふと其《その》賴《たの》み事《こと》が出來《でき》ない。

九、夕方《ゆふがた》早《はや》く火《ひ》を點《てん》ずると性質《せいしつ》の惡《わる》い女《をんな》が來《く》る。

一〇、夜門《よるもん》の隙間《すきま》に坐《すわ》ると臂《しり》から芽《め》が生《は》える。

一一、爪《つめ》を切《き》つて妄《みだ》りに棄《す》てると災難《さいなん》に遭《あ》ふ。

一二、炊事《すゐじ》場《ば》で歌《うた》を歌《うた》ふと客《きやく》が來《く》る。

一三、洗手《てふづ》水《みづ》を多《おほ》く使《つか》ふ人《ひと》は死《し》んだ後《のち》に黃泉《くわうせん》の水《みづ》を使《つか》ふ事《こと》か出來《でき》ない。

註、朝鮮《てうせん》にては内地《ないち》よりも水《みづ》を大切《たいせつ》にする傾《かたむき》あり、是《こ》れ水《す》量《りやう》少《すくな》き故《ゆゑ》なり、殊《こと》に平安道《へいあんだう》の如《ごと》きは水《みづ》に乏《とぼ》しく水《みづ》を買《か》ひて生活《せいくわつ》なし居《ゐ》る所《ところ》多《おほ》し、一つは森林《しんりん》少《すく》なきと砂地《すなち》多《おほ》き故《ゆゑ》なり。

一四、人《ひと》の悪口《わるくち》を云《い》ふと口《くち》に腫物《はれもの》が出來《でき》る。

一五、寢《ね》てから上《うへ》の方《はう》へ脱《ぬ》け上《あが》るものは長命《ちやうめい》である。

一六、爪《つめ》を切《き》つて火《ひ》に投《たう》すると短命《たんめい》である。

一七、夜中《やちう》一、二、三とか或《あるひ》は歌《うた》など大《おほ》きな聲《こゑ》を出《だ》すのは不吉《ふきつ》である。

一八、赤《あか》い袋《ふくろ》を肌身《はんみ》に離《はな》さないで附《つ》けて置《お》くと死後《しご》閻魔大王《ゑんまだいわう》から其罪《そのつみ》を赦《ゆる》される。

一九、腫物患者《はれものくわんじや》が人《ひと》の死骸《しがい》をみると其《そ》の病《やまひ》は急《きふ》に直《なほ》らない。

二〇、朝起《あさお》きてみて未《ま》だ何《なに》もしない前《ぜい》に黄色《きいろ》のものが附着《ふちやく》して居《ゐ》ると隣《となり》から餅《もち》を貰《もら》ふ。

二一、海邊《うみべ》に眠《ね》るとき網《あみ》を被《かぶ》つて眠《ねむ》ると水神《すいじん》が恐《おそ》れて逃《に》げて往《ゆ》く。

二二、戀人《こひびと》に自分《じぶん》の生血《いきち》を塗《ぬ》るのは互《たがひ》に堅《かた》く〱證文《しやうもん》を入《い》れて約束《やくそく》したのも同樣《どうやう》で、若《も》し一方《はう》がそれに背《そむ》いて他《た》の者《もの》に契《ちぎり》を結《むす》んだら直《たゞ》ちに天罰《てんばつ》を蒙《かうむ》る、(附錄迷信物語參照《ふろくめいしんものがたりさんせう》)。

二三、綱引競爭《つなひききやうそう》をするとき女《をんな》がその綱《つな》を跨《また》ぐとその所《ところ》から綱《つな》がきれる。

二四、子供《こども》の髮《かみ》を剃《そ》るとき後《うしろ》の方《はう》の髮毛《かみのけ》を少《すこ》し殘《のこ》して置《お》くとその子《こ》は長生《ちやうせい》する。

二五、雨夜《あまよ》の青《あを》い火《ひ》は幽靈《ゆうれい》の火《ひ》(독기비)である。

二六、人《ひと》か死《し》ぬとき雨《あめ》が降《ふ》るとその人《ひと》の祭事《さいじ》をするときも亦雨《またあめ》が降《ふ》る。

註、朝鮮《てうせん》にては神佛《しんぶつ》などの區別明瞭《くべつめいりやう》ならざるため内地《ないち》にての如《ごと》く「佛事《ぶつじ》を營《いとな》む」などいはず皆祭祀《みなまつり》といふ。

迷信ト云フヨリモ最モ優美ナル良習慣ト云フベキモノナラン。

二七、眉《まゆ》が痒《かゆ》いと人《ひと》から餅《もち》を貰《もら》ふ。

二八、人《ひと》には三災《さい》或《あるひ》は三厄《やく》といふ年《とし》がある。其の年《とし》には三頭《とう》の鷹《たか》の畫《ゑ》を書《か》いて「三頭一體鷹能啄三災鬼」と書《か》き入《い》れ門前《もんぜん》に貼付《てうふ》して置《お》くと其年《そのとし》の厄《やく》を免《まぬ》かれる。

二九、旅行《りよかう》するとき隣《となり》の女《おんな》が入《はい》つて來《く》ると凶事《きよじ》がある。

三〇、男《おとこ》の子《こ》か生《うま》れてから初《はじ》めての誕生日《たんじやうび》に千字文《じもん》を千人《にん》に書《か》いて貰《もら》ふと、その子《こ》は大學者《だいがくしや》となる。

註、今尚《いまな》ほ盛《さかん》に行《おこな》はれつつあり、千字文《じもん》の書籍《しよせき》一冊《さつ》をとき一枚宛《まいづゝ》に白紙《はくし》を添《そ》へ諸所《しよしよ》に持《も》ち行《ゆ》き書《か》き入《い》れを頼《たの》む、又文字《またもんじ》を刺繍《ししう》して屛風《びやうぶ》に拵《こし》らへるなど優美《ゆうび》の風俗《ふうぞく》あり。

三一、行商人《かうしやうにん》が途中《とちう》で喪中《もちう》の人《ひと》の頭巾《づきん》を拾《ひろ》ふと其日《そのひしやうばい》商賣が大變《たいへん》儲《もう》かる。

註、朝鮮《てうせん》にて頭巾《づきん》といへば喪中《もちう》の冠物《かぶりもの》の事《こと》なり。

三二、行商人《かうしやうにん》が客主家《きやくしゆか》（旅館《りよくわん》）で飯《めし》を食《く》ふとき膳部《ぜんぶ》に匙《さじ》が二つ供《そな》へてあると大變利益《たいへんりゑき》がある

註、朝鮮《てうせん》の食事《しよくじ》には匙《さじ》と箸《はし》（金《かね》の）とを用《もち》ふ。最《もつと》もよく用《もち》ふるものは匙《さじ》なり。この迷信《めいしん》より密《ひそ》かに乃の匙《さじ》を隠《かく》し持《も》ち行《ゆ》

くものあり。

三三、自分《じぶん》の家《いへ》の火《ひ》を他人《たにん》が持《も》つて往《い》つて使《つか》ふところの持《も》つて往《い》かれた家《いへ》の財産《ざいさん》か火《ひ》の消《き》える樣《やう》に減《へ》る。

三四、火災《くわさい》にかゝつた人《ひと》がその夜《よ》他人《たにん》の家《いへ》に泊《と》るとその泊《こ》まられた家《いへ》も亦《また》火災《くわさい》にかゝる。

三五、官吏《くわんり》の家《いへ》に朝早《あさはや》く女《をんな》が入《はい》つて來《く》ると官災《くわんさい》がある。

註、女《をんな》が妄《みだ》りに外出《ぐわいしゆつ》してはならぬ事《こと》亦《また》女《をんな》を不祥《ふしやう》の者《もの》とする事《こと》は内地《ないち》と同樣《どうやう》である。

三六、遠方《えんはう》に旅行《りよかう》して居《ゐ》る人《ひと》が何日《いつ》までも歸《かへ》つて來《こ》ないときは子供《こども》の前髮《まいがみ》を梳《そ》くとその人《ひと》が歸《かへ》つて來《く》る。

# 附錄　迷信物語

## 賤民總角（チョンガー）一夜の中に大臣の子となる

昔《むかし》忠淸南道《ちうせいなんだう》の或所《あるところ》に至《いた》つて貧《まづ》しい暮《くらし》をして居《ゐ》る親子《おやこ》があつた、父《ちゝ》親《おや》は疾《と》く世《よ》を去《さ》つて愈々《いよ〳〵》母《はゝ》と子《こ》の貧《まづ》しい暮《くらし》であつたが不幸《ふかう》は猶《なほ》打《う》つて來《き》て嚴寒《げんかん》の夜《よ》ろの母《はゝ》も亦《また》あの世《よ》の人《ひと》となつて終《しま》つた。

元《もと》より赤貧洗《せきひんあら》ふが如《ごと》き總角《ちよんがあ》は如何《どう》して葬《ほう》むるべきか緣家《えんか》親類《しんるゐ》をも持《も》つて居《ゐ》ない而《し》かも一軒家《けんや》の事《こと》であるので氣《き》も絶《た》えんばかりに悲《かなし》

み又《また》その仕方《しかた》にも窮《きう》して居《を》つた。

人《ひと》は窮《きう》すれば妙案《めうあん》も出《で》るものである、その當時都《たうじみやこ》（京城《けいじやう》）の或大臣《あるだいじん》が恰度世《よ》を去《さ》つた、その大臣《だいじん》の墓所《はかしよ》はその總角《ちよんがー》の里《さと》にあるのである、而《し》かもその墓地《ぼち》は郷士《がうし》第《だい》一の勝地で墓地《ぼち》さして申分《まをしぶん》のない所《ところ》である、都《みやこ》をかくも遠《とほ》く離《はな》れた所《ところ》に墓地《ぼち》を有《いう》して居《を》る大臣《だいじん》はその優良《いういう》なる所《ところ》であるからこの地《ち》に定《さだ》めたらしい、總角《ちよんがー》は考《かんが》えた「先《せん》祖《ぞ》を善《よ》い墓地《ぼち》に葬《はうむ》ると子孫《しそん》か出世《しゆつせ》するさうだ、これは一つ大臣《だいじん》の墓地《ぼち》へ母親《はゝおや》を葬《はうむ》らう、さうすれば己れも出世《しゆつせ》する、さうだ〳〵今日《こんにち》こんな貧《まづ》しい不幸《ふかう》な境遇《けうぐう》に逢《あ》つて居るのはみな先祖《せんぞ》の祟《たゝり》だ〳〵」と大臣《だいじん》の葬式《さうしき》が終《をは》つた翌日《よくじつ》の夜《よ》密《ひそ》かに大臣《だいじん》の墓地《ぼち》の塚《つか》の上《うへ》に又《また》その母《はゝ》を埋《う》めて元《もと》の通《とほ》り寸分違《すんぶんたが》はぬ様《やう》にして歸《かへ》つてきた。

さてうまく葬《はふむ》つたものゝ何年盆《まいねんぼん》になると御祭《おまつり》をしなければならぬが困《こま》つた事《こと》には毎年《まいねん》八月《げつ》十五日《にち》（朝鮮《てうせん》の盆《ぼん》は八月《ぐわつ》十五日《にち》）になると大臣《だいじん》の家《いへ》から人々《ひと〴〵》がきて祭《まつり》をするのでその日《ひ》には祭祀《さいき》を營《いとな》むことが出來《でき》ないさあ又心配《またしんぱい》になつた先祖《せんぞ》の祭《まつり》をしなければその祟《たゝり》を受《う》けるのである。それでは又何時《またいつ》までも出世《しゆつせ》の道《みち》がないと、毎年《まいねん》八月《げつ》十四日《か》の夜《よ》密《ひそ》かに祭《まつり》をする事《こと》にした。

大臣《だいじん》一家《か》では毎年《まいねん》八月《ぐわつ》十五日《にち》にその墓《はか》に詣《まう》で祭《まつり》を營《いとな》むのであるが、どうも不思議《ふしぎ》なことには毎年大臣《まいねんだいじん》の墓《はか》の前《まへ》の有様《ありさま》が前夜《ぜんや》に祭《まつり》か何《なに》か執行《しつかう》した様《やう》な跡《あと》がある。或時《あるとき》は供具《くぐ》の物《もの》の果物《くだもの》などが落《お》ちて居《を》る事《こと》もある、これは如何《いか》にも不思議《ふしぎ》の事《こと》であると或年《あるとし》八月《げつ》十四日《か》の夜《よ》から大臣《だいじん》の家《いへ》の者《もの》が之《これ》を監視《かんし》して居《ゐ》た。所《さころ》が十四日《か》の日暮《ひく》れて間《ま》もなく十五六歳《さい》の總角《ちよんがー》僅《わづ》かばかりの供物《そなへもの》を携《たづさ》え大臣《だいじん》の墓前《ぼぜん》に額《ぬか》づき、三拜《はい》九拜《はい》して涙《なみだ》を瀧《たき》の如《ごと》く流《なが》し、低《こ》聲《ゑ》に何事《なにごと》か談《かた》りながら、その親《おや》の死《し》を悼《いた》む有樣《ありさま》、眞實《しんじつ》の親子《おやこ》でもこんなにはあるまいと思《おも》はれる程《ほど》みじめな有樣《ありさま》であつたので、大《だい》臣《じん》の家《いへ》の人々《ひと〳〵》は飛《と》んで出《い》で總角《ちよんがー》を捕《とら》へ何故《なにゆゑ》にこんなことをするかと詰問《きつもん》した。

驚《おどろ》いたのは總角《ちよんがー》である、一生懸命《せうけんめい》に逃《に》げやうとも掻《もが》いてももう〳〵駄目《だめ》だ、他人《たにん》の墓地《ぼち》の上《うへ》に葬《はふむ》るのは大重罪《だいぢうざい》である位《くらゐ》は總角《ちよんがー》も十分《ぶん》知《し》つて居《を》る、その上《うへ》相手《あひて》は大臣《だいじん》の格《かく》である、ありのまゝに答《こた》へたら死刑《しけい》を受《う》けるのは當前《たうぜん》である、頓知《さんち》に丈《た》けた總角《ちょんがし》は心《こゝろ》を落ち着《つ》けて又潜々《まゝさめく》と泣《な》きながら「何《なに》をお陰《かく》し申上《まをしあげ》ませう、私《わたくし》の母《はゝ》が臨終《りんじう》に遺言《ゆゐごん》して申《まをし》ますにはこれまで誰《たれ》にも話《はな》さなかつたがお前《まへ》はこん度死《ごし》なれたあの大臣《だいじん》の子《こ》だ、自己《わたし》とあの大臣《だいじん》と或《あ》る關係《くわんけい》で生《う》んだ子《こ》が、お前《まへ》だお前《まへ》のお父《とう》さまはあの墓地《はち》に永《なが》く眠《ねむ》つて居《を》られる大臣《だいじん》だ、と申《まうし》ました、何時《いつ》かはこの事《こゝ》を申上《まをしあげ》やうかと思《おも》ひましたが到底《たうてい》こんなこと申上《まをしあげ》ても眞實《しんじつ》とは受取《うけと》られぬ、それかと云《い》つてお祭《まつり》を廢《はい》すのも殘念《ざんねん》だと、毎年《まいねん》こんなに十四日《か》の晩《はん》にお祭《まつり》をするのです、どうかれ許《ゆる》しなさつて下《くだ》さいませ」と涙《なみだ》ながらに物語《ものがた》つた、大臣《だいじん》の家《いへ》の人々《ひとぐ》は初《はじ》めて樣子《やうす》は分《わか》つたがその樣《やう》なことが大《だい》臣《じん》にあつたかどうだか分《わか》らない。そこでその翌日《よくじつ》大臣《だいじん》の子《こ》が參詣《さんけい》したのでこの事實《じじつ》を談《かた》り兎《と》に角《かく》都《みやこ》へ伴《つ》れて歸《かへ》ることにした。

大臣《だいじん》の家《いへ》では直《たゞ》ちに未《み》亡人《はうじん》にこの事實《じじつ》を話《はな》したが未《み》亡人《はうじん》も暫時《ざんじ》考《かんが》えたのち、そんな事《こと》は一度《ご》も耳《み》にした事《こと》はない、しかし大臣《だいじん》も度《たび》々地方《たびちはう》へ巡視《じゆんし》せられて幾日《いくにち》も滯在《たいざい》せられた事《こと》があるからそんな事《こと》があつたかもしれぬ、何分《なにぶん》死人《しにん》に口《くち》なし、分《わか》らぬ、兎《と》に角《かく》その子《こ》供《ども》を觀《み》てみようとの事《こと》であつた。

總角《ちよんがー》は胸中《けうちう》平《たひらか》でないけれど、態《わざ》と落ちつき拂《はら》つて居《を》つたら、夕《ゆふ》食《しよく》の膳部《ぜんぶ》が運《はこ》ばれた、これまで一度《ご》もみた事《こと》もない樣《やう》な御馳走《ごちそう》であるので、胸《むね》の心配《しんぱい》も打忘《うちわす》れて平常《へいぜい》の食事《しよくじ》の通《とほ》り食《た》べ盡《つく》してしまつた。隣《となり》の部屋《へや》よりは密《ひそ》かに總角《ちよんがー》の一擧《きよ》一動《ごう》に注視《ちうし》して未亡人《みばうじん》は窺《うかゞ》つて居《を》つたが食事《しよくじ》が終《をは》ると、未亡人《みばうじん》は手《て》を拍《う》つて、彼《か》れは全《まつた》く大臣《だいじん》の子《こ》に相違《さうゐ》なし、大臣《だいじん》の擧動《きよどう》そのまゝだといつたので、それよりは大臣《だいじん》の御子息《ごしそく》として榮譽《ねいよ》ある暮《くらし》をしたといふが、さて未亡《みばう》人《じん》が大臣《だいじん》の子《こ》だ大臣《だいじん》の擧動《きよどう》そのまゝだと斷定《だんてい》したのは他《た》にも似《に》た所《ところ》があつたかも知《し》れぬが、その總角《ちよんがー》が食事《しよくじ》をするに當《あた》つて先づ何《な》にも食《た》べないで第《だい》一番《はん》醤油《せうゆ》の壺《つぼ》をギーツと一口《くち》に呑《の》み乾《ほ》しそして他《た》の食事《しよくじ》にかゝつた、その大臣《だいじん》の生前《せいぜん》にもこの習慣《しふくわん》があつたのでそこで全《まつた》く大臣《だいじん》の子《こ》に違《ちが》ひないといふ事《こと》になつた、朝鮮《てうせん》の人《ひさ》は食事《しよくじ》をする先《ま》づ第《だい》一に醤油《せうゆ》を飲《の》む、さうすると咽喉《のど》の啖《たん》か切《き》れるといふのである、この總角《ちよんがー》もその習慣《しよくわん》で遂《つひ》に玉《たま》の輿《こし》に乗《の》つた譯《わけ》であるこの事實《じゞつ》が猶迷信《なほめいしん》を强《つよ》からしめたのであらふ。

## 老母桃木で嫁を撲殺する

黄海道《くわうかいだう》の或所《あるところ》に荷車業《にぐるまげよ》を營《いとな》んで居《ゐ》る某《なにがし》の妻《つま》十九才《さい》になる美人《びじん》が精《せい》神病《しんべう》にかゝつた、所《ところ》がその母《はゝ》は之《これ》を私鬼《しき》の所爲《しよゐ》であると信《しん》じ、二人《にん》の盲者《まうしや》を頼《たの》んで私鬼《しき》退治《たいぢ》の祈禱《きたう》を行《や》つて十四日の間《か》一晩《あひだはん》も安眠《あんみん》させず、私鬼去《しきさ》れくと叫《さけ》びながら桃《もゝ》の木《き》の棒《ぼう》で病人《べうにん》の臀部《でんぶ》を擲《たゝ》

雲嶺

き肌《はだ》も腫《は》れ上《あが》る様《やう》に打《う》つたのであるが、病氣《べうき》は直《なほ》らない、余程以《よほどい》前《ぜん》から病氣《べうき》で弱《よ》はつて居《を》つた躰《からだ》をそんな酷《ひど》い目《め》に遇《あ》はしたのでとう〳〵十九歳《さい》を一期《き》として黄泉《くわうせん》の客《きやく》となつた。それでその母《はゝ》と二人《にん》の盲者《まうじや》は直《たゞ》ちに其《そ》の筋《すぢ》に伴《つ》れられ審議《しんぎ》の結果《けつくわ》その母《はゝ》は重懲役《じうてうゑき》、他《た》の二名《めい》も何《いづ》れも懲役《くうゑき》に服《ふく》する事《こ》となつたといふ。

## 情婦に生血を吹きかけた黄書房

今《いま》より二三年前《ねんぜん》の出來事《できごと》であつた、京城《けいぜう》に住《じう》する黄某《くわうぼう》なるものは兼《かね》て知己《ちき》なる或印版師《あるいんはんし》方《かた》から一圓《ゑん》五十錢《せん》の李王職《りわうしよく》の某官《ばうくわん》振出《ふりだ》しの手形《てがた》を受取《うけさ》りろの手形《てがた》を僞《ぎ》造《ざう》して二萬幾《まんいく》千圓《ゑん》の金《かね》を銀《ぎん》行《かう》から引出《ひきだ》したが直《たゞ》ちに捕《とら》へられた、この黄《くわう》には妾女《せうぢよ》史《し》といふ蝎甫《かるはー》の情婦《ぜうふ》があつたが黄某《くわうばう》は入獄中《にふごくちう》是非《ぜひ》妾《せう》に面會《めんくわい》を許《ゆる》して呉《く》れ唯《たゞ》一目《め》でよい話《はなし》はしなくてもよいと強《し》いて頼《たの》む故之《ゆゑこれ》を許《ゆる》した、元《もと》より黄《くわう》とろの情婦《ぜうふ》との間《あひだ》は數間離《すうけんはな》れ

て居《を》つたが黄《くわう》は舌《した》を噛《か》み生血《いきぢ》を出《だ》してその情婦《ぜうふ》に吹《ふ》きかけやうとしたが監視人《かんしにん》が急《いそ》いで止《と》めた故《ゆゑ》その目的《もくてき》を果《はた》さなかつた、即《すなは》ち生《いき》血《ち》を情婦《ぜうふ》の肌《はだ》に着《つ》けると不文《ふぶん》の夫婦約束《ふうふやくそく》の契約《けいやく》となり夫婦《ふうふ》となるのを幾年《いくねん》もく互《たがひ》に相待《あひま》つて居《を》らねば神《かみ》の祟《たゝり》を受《う》けるといふ迷信《めいしん》からこんな狂氣《けうき》の行爲《ぎやうゐ》をなしたのである。

## 城隍堂（聖王堂ともいふ）

村《むら》の入口《いりくち》や山《やま》の登《のぼ》り口《くち》などによく石《いし》や赤《あか》、青《あを》、白《しろ》の布巾《ぬのふ》を結《むす》びあるを城隍堂《ぜうくわうだう》といふ、その城隍堂《ぜうくわうだう》について次《つぎ》の樣《やう》な面白《おもしろ》い話《はなし》がある昔《むかし》周《しう》の大公望呂《たいこうばうろ》尙《せう》は其壽命《そのじゆみやう》が百六十歳《さい》であつたが、前《まへ》の八十歳《さい》では大變貧乏《たいへんびんぼふ》で後年《こうねん》の八十歳《さい》は富貴《ふうき》で安樂《あんらく》であつたさうな。所《ところ》がその妻君《さいくん》は前年《ぜんねん》の八十年《ねん》の間《あひだ》の貧苦《ひんく》に堪《た》へきれないで夫《をつと》を見《み》棄《す》てゝ何所《いづこ》へか往《い》つて終《しま》つた。

その後《ご》八十年《ねん》に大公望《たいこうばう》が富貴《ふうき》になつたのをみて妻君《さいくん》は何卒元《なにとぞもと》の通《とほ》り妻《つま》になし吳《く》れと申込《まをしこ》んだ、所《ところ》が大公望《たいこうばう》が盆《ぼん》に水《みづ》を注《そゝ》ぎ持《も》ち來《きた》らしめ、之《これ》を庭《にわ》に棄《す》てさせていふには、覆水《ふくすゐ》は盆《ぼん》に返《かへ》らない貴樣《きさま》のやうな奴《やつ》は永遠《ゑいゑん》に用《よう》はない早《はや》く去《さ》れと唾《つばき》を吐《は》きかけて追《お》ひ返《かへ》したとの事《こと》である。

さてろの女《をんな》は大《おほ》いに之《これ》を恥《は》ぢて自家《じか》の里《さと》に入《い》ると直《す》ぐ死《し》んで終《しま》つ

た、そして悪鬼《あくき》となつた、そこで人々《ひと〴〵》がその逆怨《ぎやくえん》を憎《にく》んで往來《わうらい》に城隍堂《ぜうくわうだう》を建《た》て、その罪《つみ》を輕《かろ》くするために唾《つばき》をかけ石《いし》を投《な》げてやるのであるが後世《こうせい》ではこの堂《だう》に唾《つばき》を吐《は》きかけなければ、その祟《たゝり》があるといふ風《ふう》にそれを神《かみ》として恐《おそ》れる樣《やう》になつた、迷信《めいしん》などは大抵《たいてい》こんな風《ふう》にして起《おこ》るものであらふ。

## 小便を飲んだ郡守

昔《むかし》全羅道《ぜんらだう》濟州島《さいしうたう》の中央《ちうあう》にある漢拏山《かんらさん》上《ぜう》には仙人《せんにん》が栖《す》んで居《ゐ》て藥水《やくすゐ》を呑《の》み居《を》る爲《た》めか幾《いく》百年《ねん》經《た》つても死《し》なず誰《たれ》でも其山《そのやま》に登《のぼ》つて來《く》る

人《ひと》にはその藥水《やくすゐ》を與《あた》へるといふ話《はなし》がありました、或年《あるとし》京城《けいぜう》に居《ゐ》る兩班《やんばん》がこの濟洲島《さいしうたう》の牧使《ぼくし》に任命《にんめい》せられました、この人《ひと》は前《まへ》の話《はなし》を知《し》つて居《ゐ》るから大層喜《たいそうよろこ》んで「こん度《ど》あちらへ行《い》つたら早速《さつそく》あの水《みづ》を飲《の》んで長命《てうめい》になりたいものだと思《おも》つて取《と》るものも取敢《とりあ》へず其地《そのち》へつき早速漢拏山《さつそくかんらざん》に登《のぼ》り度《た》いと小役人共《こやくにんども》に言附《いひつ》けますと前《まへ》の牧使《ぼくし》が之《これ》を聞《き》きまして其《そ》れは愈々藥水《いよいよやくすゐ》を探《さ》かしに行《ゆ》くに違《ちが》ひな

い彼《かれ》が餘《あま》り自分《じぶん》の身《み》の上《うへ》の事《こと》ばかり考《かんが》えて人民《じんみん》の事《こと》を思《おも》はないのが面憎《つらにく》いこいつは一番《ばん》かれの愚《ぐ》を笑《わら》つてやれと二三の友達《ともだち》に命《めい》じて前日《ぜんじつ》より漢拏山《かんらざん》の嶺《みね》に到《いた》つて音樂《をんがく》を奏《そう》して待《ま》つて居《を》れろうしてかれがどうか不死《ふし》の藥水《やくすゐ》を下《くだ》さいといふさきこの瓶《びん》を渡《わた》せと小便《せうべん》の入《はい》つて居《を》る瓶《びん》を渡《わた》して置《お》きました。

こんな事《こと》あらうとは知《し》らぬ佛《ほとけ》の牧使《ぼくし》さんは早速案内者《さつそくあんないしや》に伴《つ》れられまして登《のぼ》つてみますと岩石聳《がんせきそばだ》ち小樹木《せうじゆぼく》の茂《しげ》みから大變面白《たいへんおもしろ》そうな又妙《またみやう》なる音樂《をんがく》が聞《きこ》へます、扨《さ》ては仙人共《せんにんども》が舞樂《ぶがく》をやつて居《を》るに相《さう》違《ゐ》なしと飛《と》び立《た》つ計《ばか》りに喜《よろこ》んで神樣私《かみさまわたくし》にもどうぞ不死《ふし》の藥水《やくすゐ》を下《くだ》し給《たま》へと大《おほ》きな聲《こゑ》で願《ねが》ますと立派《りつぱ》な冠《かんむり》を冠《かぶ》り白髮白髯紫《はくはつはくぜんむらさき》の着物《きもの》を着《き》たる仙人《せんじん》が瓶《びん》を手《て》から授《さづ》けましたいか辱《かたじ》けない御恩《ごをん》は一生忘《せうわす》れませんと非常《ひぜう》に感謝《かんしや》しああ有難《ありがた》いと早速頂《さつそくいたゞ》き呑《の》み干《ほ》しながらやつと頭《あたま》を上《あ》げてみますと仙人《せんじん》は何時《いつ》しか消《き》えて音樂《をんがく》の音も聞《きこ》えなくなりました」

これで長命《てうめい》疑《うたが》ひなしと喜《よろこ》び勇《いさ》んで下山《げざん》しましたが其後《そのご》誰《たれ》とはなく小便呑《せうべんの》みの牧使《ぼくし》様《さま》といふ聲《こゑ》が、その牧使《ぼくし》の耳《みゝ》に入《い》り先日《せんじつ》飲《の》んだ不死《し》の藥水《やくすゐ》は小便《せうべん》であつたことが知《し》れ牧使《ぼくし》は居《を》るにも居《を》られずどう〳〵夜逃《よに》げの様《やう》な有様《ありさま》で濟州島《さいしうたう》を逃《に》げ出《だ》したそうでございます。

## 一族五十餘名で一家を喰潰す

頃《ころ》は余《あま》り古《ふる》からぬ或《あ》る年《とし》四月頃《げつころ》の出來事《できごと》である、忠清北道《ちうせいほくだう》は或《あ》る里《さと》に住《す》む辛某《しんはう》は隣村《りんそん》の金某《きんはう》から一斗落《とらく》（籾《もみ》一斗蒔《とま》くことの出來《でき》る土地《とち》）の土地《とち》を買《か》ひ受《う》けて其地《そのち》に亡父《ばうふ》を埋葬《まいさう》した。

ところが同郡《ごうぐん》の某《はう》はその墓地《ぼち》が一族《ぞく》の共有墓地《けういうぼち》に接近《せつきん》して居《を》るのをみて古來《こらい》の傳說《でんせつ》に「祖先《そせん》の墓地《ぼち》に接《せつ》して他人《たにん》が葬《はうむ》ると子孫《しそん》の繁《はん》榮《えい》を妨《さまた》げ且《か》つ又災厄《またさいやく》が絕《た》えない」といふ迷信《めいしん》に驅《か》られて一族《ぞく》一門《もん》を集《あつ》めてその協議《けつぎ》の結果辛某《けつくわしんはう》にその墓地《ぼち》の移轉《いてん》を逼《せま》つたが頑《ぐわん》として之《これ》に應《おう》せなかつた。

一族五十餘名で一家を喰潰す

某《はう》の一族《ぞく》はどうかして掘《ほ》り移《うつ》さしめやうとこん度《ど》は威壓的手斷《ゐあつてきしゆだん》に出《で》やうと一族《ぞく》五十餘名《よめい》で押《お》しかけ噴墓《ふんぼ》の掘《ほ》り移《うつ》しをしないなら

一六七

お前《まへ》の財産《ざいさん》を喰潰《くひつぶ》すといつて恐喝《けうかつ》し同人《どうにん》が恐《けう》怖《ふ》して居《を》るに乘《ぜう》じ五十餘人分《よにんぶん》の食事《しよくじ》と同煙草《どうたばこ》とを出《いだ》さしめ盛《さか》んに飲《いん》食《しよく》をなしろの明《あ》けの日《ひ》から十名宛《めいづゝ》交代《かうたい》して同《どう》一手段《しゆだん》を取《と》つたが猶《なほ》それにても飽《あ》き足《た》らでその亡父《ばうふ》の墓地《ぼち》が自分等《じぶんら》

の墓地《ぼち》に著《いちじる》しく突入《とつにふ》して居《を》るのを奇貨《きくわ》としてその墓地《ぼち》は吾《われ》らの墓《ぼ》地《ち》の一部分《ぶぶん》であつたのを辛某《しんぼう》が噴墓《ふんぼ》を作《つく》つたために侵奪《しんだつ》したものであると稱《せう》し親族《しんぞく》一同《どう》を代表《だいへう》して遂《つひ》に裁判沙汰《さいばんさた》に及《およ》んだ。憐《あは》れにも辛某《しんぼう》はこの裁判《さいばん》に負《ま》けた、餘《あま》り殘念《ざんねん》で堪《たま》らないから控訴《こうそ》した所《ところ》が某《ぼう》の方《はう》から僞證人《ぎしようにん》を差出《さしだ》したために又々《またまた》先方《せんぱう》の勝《かち》に歸《き》した。

辛某《しんぼう》は餘《あま》り殘念《ざんねん》で堪《たま》らず僞證人《ぎしようにん》の根本《こんぽん》である某《ぼう》に對《たい》して僞證罪《ぎしようざい》の訴《うつたへ》をなした、ろこで僞證罪《ぎしようざい》の證據《しようこ》判明《はんめい》したからとう〱辛某《しんぼう》の勝《せう》利《り》になつて五十餘人《よにん》で恐喝《けうかつ》した事《こと》か有罪《いうざい》と定《さだま》り五十名《めい》はそれ〲處罰《しよばつ》せられ噴墓《ふんぼ》は元《もと》のまゝで濟《す》んだといふ事《こと》である。

一族五十餘名で一家を喰潰す

二六九

## 粥一椀を與へて名墳墓を得

京城《けいぜう》に住《す》んで居《ゐ》る或風水先生《あるふうすゐせんせい》（墓地《はち》の善悪《ぜんあく》を判斷《はんだん》する人《ひと》）が善《よ》い墓地《はち》を見附《みつ》けやうと京城《けいぜう》から進《すゝ》んみ進《すゝ》んで楊州《やうしう》まで往《い》つた。終日山河《しうじつさんが》を跋渉《はつせふ》したので大變饑《たいへんひもじ》くなつてきた向《むかふ》の山《やま》の下《した》を見《み》ると一軒《けん》の小屋《こや》がある家《いへ》に入《はい》ると主人《しゆにん》が丁寧《ていねい》に待遇《もてな》して白粥《しろがゆ》一杯《はい》を恵《めぐ》んで呉《く》れたその主人《しゆじん》は新《あた》らしい喪服《もふく》を着《き》て居《を》る何時不幸《いつふかう》に遇《あ》つたかと尋《たづ》ねるとこの五六日前《にちぜん》父《ちゝ》をなくしたがよい墓地《ほち》がないのでまだ葬《はふむ》らずに居《を》ると答《こた》へた、それでは君《きみ》のお恩返《をんがへ》しに最《もつさ》もよい墓地《はち》を敎《をし》へてやらうと或山脈《あるさんみやく》を示《しめ》した、風水先生《ふうすゐせんせい》別《わか》れに臨《のぞ》んでいふにはこの地《ち》は最《つさ》もよい墓地《ほち》である子《し》孫《たん》即《すなは》ち前《まへ》は必《かな》らず富有《ふいう》な身《み》になるに違《ちが》ひない然《しか》し若《も》しこの墓地《ほち》の事《こと》に關《くわん》して何《なに》か後《あと》から尋《たづ》ねたいことがあるなら京城西部學峴《けいぜうせいぶがくけん》の李書《りしよ》房《はう》と尋《たづ》ねられよといつて去《さ》つた。主人《しゆじん》は深《ふか》くその事《こと》を信《しん》じてその地《ち》に葬《はふむ》つた、其家《そのいへ》は次第《しだい》〳〵に豊《ゆたか》になつた八九年《ねん》の内《うち》に大富豪《だいふがう》となつた或日《あるひ》その墓地《ほち》の前《まへ》を過《す》ぎた人《ひと》

粥一椀を與へて名墳墓を得

一七一

が注意《ちうい》をしていふにはこの墓地《ぼち》は十年以《ねんい》上《ぜう》先祖《せんぞ》を葬《はふむ》つて置《お》く所《ところ》でない早《はや》く改葬《かいさう》しないとれ前《まへ》の家《いへ》は全滅《ぜんめつ》するといつた、そこで主人《しゆじん》は前《さき》の李《り》書房《しよはう》の前言《ぜんげん》を思《おも》ひ出して京城《けいぜう》に往《い》つて其旨《そのむね》を告《つ》げた、李《の》書房《しよはう》は早速《さつそく》その墓《ぼ》地《ち》を注意《ちうい》した人《ひと》の所《ところ》に往《い》つて何故《なぜ》あなたは永久《えいきう》の墓地《ぼち》でないといつたかといふとその人答《ひとこた》へていふにはあの山《やま》は伏雉《ふくし》の象《かたち》をなして居《を》る雉《きじ》は是《こ》れ飛揚《ひやう》するもの故《ゆゑ》に十年以《ねんい》上《ぜう》この地《ち》は葬《はふむ》るものでないといつたと答《こた》へた、李《り》書房《しよはう》が笑《わら》つていふには君《きみ》はその一を知《し》つて其《その》二を知《し》らないよく〳〵あの山《やま》をご覧《らん》なさいあの峯《みね》は狗峯《くほう》で左《ひだり》は猫川《べうせん》右《みぎ》は鷹峰師《ようほうし》である雉《きじ》か如何《いか》に飛揚《ひよう》しようとしても飛《と》ふことは出來《でき》ないといつたのでその人《ひと》も默《もく》し主人《しゆじん》の家《いへ》はその後《ご》益々《ますます》繁昌《はんぜう》したといふことである。

## 虹は仙女沐浴の雫といふ理由

昔《むかし》白頭山《はくとうざん》の麓《ふもと》に一人《ひとり》の樵夫《きこり》が居《を》つた、至《いた》つて朴直《ぼくちよく》ではあるが年《とし》三十歳《さい》になるまで妻《つま》もなにもない獨身者《ひとりもの》である、毎日《まいにち》〳〵山《やま》に登《のぼ》つて薪《たきゞ》を採《さ》つて居《を》つた。

或日《あるひ》毎時《いつも》の如《ごと》く薪《たきゞ》を採《さ》つて居《を》ると何處《どこ》からか一匹《ひき》の鹿《しか》が逃《に》げて來《き》て、今《いま》獵師《れふし》が已《おの》れを追《おひ》かけて來《く》るからどうぞ助《たす》けて呉《く》れと頼《たの》んだよろしいこの薪《たきゞ》の中《なか》に隠《かく》れて居《を》れといつて居《を》る所《ところ》へ獵師《れふし》がきて今《いま》

鹿《しか》が來《き》たらうといふて尋《たづ》ねる。いやそれは今《いま》この方向《はうかう》に逃《に》げて往《い》

つた急《いそ》いて往《ゆ》けと反對《はんたい》の方向《はうかう》を敎《をし》へてやつた、やつと鹿《しか》は助《たすか》つた

鹿《しか》か別《わか》れるときいふには、君《きみ》はまだ妻君《さいくん》か居《を》られないやうだからこの恩返《おんがかし》に妻君《さいくん》を御世話《おせわ》しよう、それはこの山《やま》の頂上《てうぜう》に一つの池《いけ》がある、その池《いけ》に毎日《まいにち》天《てん》から三人《にん》の仙女《せんぢよ》が水浴《すゐよく》に來《く》る、その人々《ひとびと》は羽衣《はごろも》といつて羽《はね》の附《つ》いた着物《きもの》を持《も》つて居《を》る、これは決《けつ》して肌身《はだみ》を離《はな》さないが水浴《すゐよく》するときはそれを脫《ぬ》ぐのである、それで君《きみ》が一番《ばんず》好きの人《ひと》の着物《きもの》を取《と》つて置《お》きなさい、さうするとその人《ひと》が殘《のこ》るそのとき家《いえ》に伴《つ》れてお歸《かへ》りなさい、しかし子供《こども》が三人生《にんうま》れるまでは決《けつ》してその着物《きもの》を仙女《せんぢよ》に渡《わた》してはなりませんぞ〳〵といつて鹿《しか》は去《さ》つた。

樵夫《きこり》は大變悅《たいへんよろこ》んで翌日直《よくじつすぐ》にその上《うへ》の方《はう》へ登《のぼ》つてみると果《はた》して大變《たいへん》

美《うつく》しい水《みづ》の池《いけ》がある、これだなあと獨言《ひとりごと》しながらそつと木陰《こかげ》に隱《がく》れて居《ゐ》た。

漸《しば》らくすると香《かう》ばしい風《かぜ》が吹《ふ》いて何《なに》やら音樂《おんがく》のやうな話聲《はなしごゑ》が聞《きこ》えるかと思《おも》ふ中《うち》に、三人《にん》のそれは〳〵美《うつく》しい女《をんな》が降《お》りてきた、誰《たれ》か覗《のぞ》いて居《を》るとも知《し》らず愉快《ゆくわい》さうに話《はな》しながら着《き》物《もの》を脫《ぬ》いで樹《き》の枝《えだ》にかけ玉《たま》の肌《はだ》を惜《をし》げもなく顯《あら》はして淸淨《せいせう》の靈水《れいすゐ》に沐浴《もくよく》するので、樵夫《きこり》は魂《たましゐ》も消《きね》えんばかりに視《み》とれて居《ゐ》た、ここだと思《おも》ひ出《だ》してその中《なか》の一つの着《き》物《もの》をそつと隱《かく》して猶《なほ》一層《そう》潛《ひそ》んで居《ゐ》た。

やがて仙女等《せんぢよら》はそれ〳〵沐浴《もくよく》を終《をは》つて、さて着《き》物《もの》を着《き》やうとするど、その内《うち》で最《もつと》も美《うつく》しい仙女《せんぢよ》の着《き》物《もの》がなくなつた、三女《ぢよ》は大變驚《たいへんおどろ》いて約《やく》一時間餘《じかんよ》も探《さ》かしたが見附《みつか》らない、他《た》の二人《にん》は天《てん》に定《さだ》めの時《じ》間《かん》があるので氣毒《きのどく》ではあるがお先《さ》きへ失禮《しつれい》します寛《ゆっく》りお探《さが》しなさいと天《てん》に登《のぼ》つてしまつた。

後《あと》に殘《のこ》つた仙女《せんぢょ》は仕方《しかた》なくさめぐ＼と泣《な》いて居《を》る、所《ところ》へ先《さき》の樵夫《きこり》か出《で》て來《き》て兎《さ》に角私《かくわたし》の所《ところ》へお出《いで》なさい私《わたし》か屹度《きっと》探《さが》し出《だ》して上《あ》げますからと、仙女《せんぢょ》の手《て》を取《と》つて自分《じぶん》の家《いえ》に伴《つ》れ歸《かへ》り着物《きもの》は深《ふか》く藏《しま》つて居《を》いた。

一月《つき》二月《つき》一年《ねん》二年《ねん》と經《た》つ中《うち》に遂《つい》に仙女《せんぢょ》は人間《にんげん》の溫情《おんぜう》に絆《ほだ》されて二《ふた》人《り》の子供《こども》をあげた、その後《ご》二人《ふたり》の仲《なか》も至《いた》つて睦《むつ》まじくなつたので樵夫《きこり》はもう早仙女《はやせんぢょ》も人間《にんげん》となつたのである。着物《きもの》を返《かへ》しても差支《さしつかへ》あるまいと、その着物《きもの》を渡《わた》した、仙女《せんぢよ》はあら難有《ありがた》や〳〵と早速《さつそく》その着物《きもの》を着《き》、二人《ふたり》の子供《こども》を両手《れうて》に抱《いだ》き、天《てん》を差《さ》して雲《くも》や霞《かすみ》と消《き》え失《う》せた。

掌中の玉《たま》を無《な》くした樵夫《きこり》はまた元《もと》の淋《さび》しい生活《くらし》に帰《かへ》つたのでその夕方《ゆふがた》頻《しき》りに泣《な》いて居《ゐ》た、その所《ところ》に又以《またい》前《ぜん》の鹿《しか》がやつてきて君《きみ》が私《わたし》のいふ事《こと》をきかないで二人《ふたり》の子《こ》で安心《あんしん》して渡《わた》したからいけない、その後《ご》あの池《いけ》には仙女《せんぢよ》はもう水浴《すゐよく》しに来《こ》ない、この頃《ころ》は天《てん》から大《おほ》きな釣瓶《つるべ》で水《みづ》を汲《く》んで水浴《すゐよく》するのである、それて明日《あす》その釣瓶《つるべ》の下《お》りるのを待《ま》つて、その釣瓶《つるべ》に乗《の》つて天《てん》に上《のぼ》り妻君《さいくん》や子供《こども》に逢《あ》いなさいと教《をし》へて呉《く》れた。樵夫《きこり》は悦《よろこ》び勇《いさ》んで又池《またいけ》の畔《ほとり》に往《ゆ》き大《おほ》きな釣瓶《つるべ》か降《お》りて來《き》たので其上《そのうへ》に乘《の》り、天《てん》に登《のぼ》り、芽出度《めでた》く妻子《さいし》に逢《あ》ひ永《なが》く天上《てんぜう》に仲《なか》よく暮《くら》したといふ事《こと》である、その女《をんな》か織女星《しよくぢよせい》で、男《をとこ》か牽牛星《けんぎうせい》、その沐浴《もくよく》の水《みづ》が虹《にじ》であるといふ實《じつ》に僞言《うそ》のやうな眞《ま》實《こと》のやうな話《はなし》であるが昔《むかし》の神話《しんわ》などはこんなものか多《おほ》い。

## 厠鬼の話

昔《むかし》京城《けいじやう》に永明寺《ねいみやうじ》と云《い》ふ寺《てら》があつたが、此寺《このてら》に毎月《まいげつ》一日《にち》と十五日《にち》には京城内《けいじやうない》の盲目《めくら》連《れん》が集《あつ》つてお經《けう》を上《あ》げたり、御祈禱《ごきたう》をしたりするのである。その日《ひ》は他人《たにん》の詣《まうで》を許《ゆる》さない門《もん》を堅《かた》く閉《と》ぢて外《ほか》から窺《うかゞ》ふ事《こと》も出來《でき》ないやうにする。

或日《あるひ》この近在《きんざい》に居《を》る惡戲小僧共《いたづらこぞうども》が相談《さうだん》して密《ひそ》かに塀《へい》を越《こ》えて盲目《めくら》共《ども》の來《く》るのを今《いま》か〳〵と待《ま》つて居《ゐ》たところが、盲目共《めくらども》はこんなことのあらうとは夢《ゆめ》にも知《し》らないから、いつもの如《ごと》く鐘《かね》を叩《たゝ》かうとすると棟《むね》の上《うへ》に居《を》つた小僧共《こぞうども》はこゝぞと鐘《かね》を吊《つる》してある紐《ひも》を上《うへ》に引《ひ》き上《あ》げた。これは變《へん》だと手《て》で撫《な》でてみるとその時《とき》にはもう已《すで》に下《さ》げてあるから手《て》に觸《さわ》るのである、これはこゝにあるのだと又打《またう》つけれど又上《またあ》げて音《おと》もねも少《すこ》しも出《で》ない、又撫《またな》でゝみる、又打《またう》つ又撫《またな》てる、又打《またう》つ幾度《いくど》呉《く》り返《かへ》し〳〵しても同《おな》じ事《こと》であるから、扨《さ》て變《へん》だなあと皆《みんな》の座頭《ざとう》が小首傾《こくびかたむ》けて考《かんが》へて居《を》ると、一人《ひとり》の座頭《ざとう》が云《じ》ふにはこれは屹度鷄奴《きつとにわとりめ》が上《うへ》に登《のぼ》つて居《ゐ》て惡戲《いたづら》をするに違《ちが》いないと長《なが》い竿《さほ》を持《も》つて來《き》て盲滅法《めくらめつぽふ》に天上《てんじやう》の棟《むね》のあたりを突《つ》きまくつたからたまらない、今《いま》まで大《おほい》に可笑《をか》しく笑《わら》つて居《を》つた小僧共《こぞうども》は南無《なむ》三寶棟《はうむね》から床《ゆか》の上《うへ》にヅドンと落てしまつた、ヤア〳〵大《おほ》きな怪物《ばけもの》が居《ゐ》たと捕《つか》まつてポンポンと盲目打《めくちうち》にされたので、ホー〳〵の体《てい》で逃《に》げ出《だ》した、座頭共《ざとうども》はいゝ事《こと》をしたと喜《よろこ》んで居《を》るが氣《き》が濟《す》まぬのは小僧共《こぞうども》で、どうかしてこの返報《へんぽう》をしてやらうとその次《つ》ぎの日《ひ》一人《ひとり》の惡戲小僧《いたづらこぞう》の隊長《たいちやう》は大《おほ》きな麻繩《あさなわ》を持《も》つて又々《またく》コツソリこん度《ど》は便所《べんじよ》の中《なか》に忍《しの》び込《こ》んで鼻《はな》を摘《つ》まんで辛抱《しんぼう》して居《を》ると、やがて盲目《めくら》の隊長《たいちやう》さんがやつてきた、元《もと》より眼《め》が見《み》えぬから何《なん》の遠慮《ゑんりよ》もなく用《よう》を達《た》さんと踞《しやが》んで居《を》るとこゝだと小僧《こぞう》の隊長《たいちやう》は件《くだん》のものを麻《あさ》繩《なわ》でくゝつてウント引《ひ》いたからたまらない、さあ大變厠鬼《たいへんそくき》か出《で》たあと叫《さけ》びながら眼《め》を白黑《しろくろ》ではない白々《しろ／＼》にして人殺《ひとごろし》／＼と叫《さけ》んだので一同《どう》のものは驚《おどろ》いて駈《か》け附《つ》けてそれは愈々《いよ／＼》厠鬼《そくき》が居《を》るに違《ちが》いないとこれから又祈禱《またきたう》するやら膏藥《かうやく》を張《は》るやら大騷動《おほさうどう》のその中《うち》に小《こ》僧共《ぞうども》は赤《あか》い舌《した》をベロリと出《だ》しながらアアこれで溜飲《りういん》がさかつたさはさんだ惡戲小《いたづらこ》僧《ぞう》もあつたものだ。

## 十三代の富は猛虎のお蔭

今《いま》から百年《ねん》ばかり前《まへ》、黄海道《くわうかいだう》の或《あ》るところに安某《あんぼう》といふ人《ひと》が居《を》つた。安氏《あんし》の村《むら》から程遠《ほどとほ》からぬ所《ところ》に虎山《こざん》といふ有名《いうめい》な山《やま》がある。この山《やま》は朝鮮《てうせん》の山《やま》に似合《にあ》はず大變樹木《たいへんじゆもく》が繁茂《はんも》して居《を》る、時々《とき〴〵》虎《とら》や豹《へう》などが出沒《しゆつぼつ》して、豚《ぶた》を掠《かす》めて往《い》つたり、女《をんな》や子供《こども》などに害《がい》を與《あた》へたりすることが多《おほ》かつた。

或日《あるひ》安《あん》は溫突《おんどる》の薪《たきゞ》を採《と》りにこの山《やま》に登《のぼ》つた。餘《あま》り奥山《おくやま》に往《ゆ》くのは危險《きけん》であるから、山《やま》の麓《ふもと》に働《はたら》いて居《を》つた、晝頃《ひるごろ》になつて、大變疲《たいへんつか》れたから、岩《いは》の小蔭《こかげ》に柴《しば》を枕《まくら》に寢《ね》てしまつた。しばらくして何《なん》だかあたりが騷《さわ》がしいので眼《め》をさますと。大《おほ》きな虎《とら》が下《した》の方《はう》から大《おほ》きな口《くち》を明《あ》けて喘《あへ》ぎ〳〵安《あん》の方《はう》を眺《なが》めて恨《うら》めしさうに視《み》つめて居《を》る。安《あん》は吃驚《びつくり》して逃け出《た》さうとしても上《うへ》は絶壁《ぜつぺき》の岩《いは》、左右《さいう》は谷《たに》、實《じつ》に進退極《しんたいきは》まつた。いやもうこれまでだと糞度《くそど》胸《けう》を据《す》えて如何《いか》にも人《ひと》に、向《むか》つて物言《ものい》ふやうに。

「こらお主《ぬし》は何故《なによう》あつてこゝにきた、苟《いや》しくも萬物《はんぶつ》の靈長《れいちやう》たる人《にん》間《げん》に向《むか》つて害《がい》を加《くわ》へるとろの分《ぶん》には置《お》かぬぞ」と聲《こゑ》を振《ふる》はせながら叱《しか》つた。

すると不思議《ふしぎ》く。虎《とら》は口《くち》を利《き》き始《はじ》め。

「人間樣《にんげんさま》私《わたくし》はあなたに害《がい》を加《くわ》へようとしてきたのではありません。私《わたくし》は今《いま》この下《した》の人家《じんか》に入《はい》つて一人《ひとり》の女《をんな》を嚙《か》み殺《ころ》しましたが、どうした事《こと》か口《くち》の中《なか》に何《なに》か刺《さ》さつてどうしても拔《ぬ》けません後生《ごしやう》です。どうぞこのものを取《と》つて下《くだ》さい。私《わたくし》はもう決《けつ》して人間様方《にんげんさ・がた》に害《がい》を與《あた》へることはしません。又《また》あなたのれ望《のぞみ》があるなら私《わたくし》で出來《でき》ますことなら、どんなことでもいたします。れ願《ねが》ひです、人間様《にんげんさま》〳〵」と手《て》を合《あは》せんばかりに頼《たの》むので。安《あん》がよく〳〵視《み》ると、口《くち》の中《なか》に女《をんな》の簪《かんざし》が横《よこ》に刺《さ》さつて居《を》るので恐《こわ》いことも打忘《うちわす》れてその簪《かんざし》を取《と》り除《のぞ》いてやつた。

虎《とら》は膝《ひざ》を付《つ》いて伏《ふ》し拝《をが》み。

「さああなたのお望《のぞみ》を言《い》つてご覧《らん》なさい、どんなことでもきゝませう」といふので安《あん》は。

「れ前《まへ》は山《やま》や野《の》を常《つね》に駈《か》け廻《めぐ》つて居《を》るから山《やま》の善悪《よしあし》をよく知《し》つて

居《を》るだらう、どうかよい山所《さんすう》(墳墓《ふんぼ》)があつたら敎《をし》へてくれ」と言《い》ふと。

「それこそお易《やす》い御用《ごよう》です、さあ私《わたくし》についてお出《いで》なさい、この山《やま》は虎山《こざん》です、この山《やま》で最《もつと》もよい所《ところ》をれ敎《をし》へしませう」といふ。

安《あん》は虎《とら》に從《したが》つて往《ゆ》くと虎《とら》は或山《あるやま》で止《とま》つて「こゝですこゝが第《だい》一等《とう》の山所《さんすう》です、こゝに先祖《せんぞ》を葬《はうむ》つたらあなたの子孫《しそん》は何《なん》百代《だい》でも金持《かねもち》で續《つゞ》くことは疑《うたが》ひないです、それではこれで失禮《しつれい》しますと山奥《やまおく》に飛《と》んで去《さ》つた。

安氏《あんし》は、その後《ご》その所《ところ》を墳墓《ふんぼ》としたが、貧《まづ》しかつた家《いへ》が、段々《だん／＼》と富《と》んできて、この安氏《あんし》から十三代《だい》つゞいて金持《かねもち》であるといふことだ。

黄海道《こうかいごう》の某郡《ぼうぐん》で安《あん》の姓《せい》を持《も》つて居《を》るものは皆《みな》この安氏《あんし》の子孫《しそん》であるさうだ。

朝鮮の迷信と俗傳 終

大正二年九月廿八日印刷
大正二年十月三日發行

朝鮮の迷信と俗傳

定價金六十錢

不許復製

著者　京城本町九丁目二十番戸十二號　楢木末實

發行者　京城長谷川町一丁目三十九番戸　竹内錄之助

印刷者　京城旭町二丁目百十四番戸　宗像イツ

印刷所　京城印刷所
京城旭町二丁目百十四番戸

發行所　京城長谷川町一丁目三十九番戸　新文社
電話一八二〇番
振替京城一二九九番

京城本町 鐵居本店

京城本町 鐵居時計部

京城黄金町
織居自働部ノ一

御用車

京城旭町 織居樂器部

京城本町 織居本店寫眞部

**이시준** 숭실대학교 일어일본학과 교수
숭실대학교 동아시아언어문화연구소 소장
일본설화문학, 동아시아 비교설화 · 문화

**장경남** 숭실대학교 국어국문학과 교수
한국고전산문, 동아시아속의 한국문학

**김광식** 숭실대학교 동아시아언어문화연구소 전임연구원
한일비교설화문학, 식민지시대 역사 문화

숭실대학교 동아시아언어문화연구소
식민지시기 일본어 조선설화집자료총서 5

조선의 미신과 속전

초판인쇄 2012년 05월 1일
초판발행 2012년 05월 14일

저　　자 나라키 스에자네(楢木末實)
편　　자 이시준 · 장경남 · 김광식
발 행 인 윤석현
발 행 처 제이앤씨
등록번호 제7-220호
책임편집 정지혜

우편주소 132-702 서울시 도봉구 창동 624-1 북한산현대홈시티 102-1206
대표전화 (02)992-3253
전　　송 (02)991-1285
홈페이지 www.jncbms.co.kr
전자우편 jncbook@hanmail.net



ISBN 978-89-5668-914-2 94380 　　정 가 33,000원